14歳の世渡り術

中学英語で
日本を
紹介する本

デイビッド・セイン

河出書房新社

中学英語で日本を紹介する本　CONTENTS

はじめに …4
この本の使い方 …6

CHAPTER 1　街での出会い

道案内①　自分から声をかける　…8
COLUMN　会話がはずむ！あいづち表現　…12
道案内②　トイレを案内する　…14
道案内③　地図で説明する　…18
道案内④　聞き返す　…22
COLUMN　道案内に便利な表現　…26
電車で①　運賃を聞かれる　…28
電車で②　乗り換えの案内　…32
COLUMN　数字の表現　…35
電車で③　席をゆずる　…36
エレベーターで　階数を聞く　…38
食の話題①　そば屋のメニュー　…40
食の話題②　苦手な物を聞く　…44
COLUMN　食事のメニューを説明しよう！　…48
旅の話題①　滞在期間を聞く　…52
旅の話題②　観光の予定を聞く　…56
旅の話題③　観光のオススメ　…60
軽い話題①　日本の印象を聞く　…64
軽い話題②　今日の天気　…68
COLUMN　天気に関する表現　…70

Thayne's memo 1
　英語を使うチャンスはインターネット上にもたくさんある　…51

Thayne's memo 2
　会話はキャッチボール「二言以上で返す」くせを付けよう！　…72

CHAPTER 2　友人との観光

出迎え　友人との再会　…74
友人の紹介　初対面の挨拶　…78
観光①　相手の興味を引き出す　…82
観光②　風景に感動する　…86

観光③　観光マナーを伝える　…90
COLUMN　日本の観光地の表現　…94
買い物①　服を買う　…96
買い物②　お土産を買いに行く　…100
COLUMN　おおざっぱな伝え方　…104
食事①　食事に出かける　…106
食事②　支払いをする　…110

Thayne's memo 3
　　お土産で人気が高いのはお菓子とアニメグッズ　…114

CHAPTER 3　自宅への招待

招待①　パーティーに誘う　…116
招待②　家族を紹介する　…120
招待③　室内を案内する　…124
別れ①　旅の感想を聞く　…128
別れ②　別れの挨拶　…132

Thayne's memo 4
　　「こわい」は差別につながる
　　リラックスしてふつうに相手と接しよう　…136

CHAPTER 4　日本の紹介

カルチャー　…138
忍者・侍・芸者　…140
相撲・歌舞伎　…142
四季の伝統行事　…144
国内旅行関連　…146
世界遺産　…148
日本の宗教　…150
社会問題　…152
オリンピック　…154

インデックス　…156

はじめに

　ここ数年、日本へ来る外国人観光客はずいぶん多くなりました。2020年の東京オリンピックに向け、これからますます多くの人が海外から訪れることでしょう。でも、そうして外国人との接点は増えているのに、日本人はまだ外国人とのコミュニケーションを、少しこわがっているようにも見えます。

　日本人は「英語」というと、「○×を付けられる学校でのお勉強」というイメージが強く、苦手意識を持っている人が多いようです。本来、英語は「言葉」であり、アイデンティティーを表現するためのもの。それに×を付けられたら、自分の人間性を否定されたような気がして、話すのがこわくなってしまうのも当たり前かもしれません。

　英語がこわくなると、それを話す「人」までこわく見えてしまうこともあるでしょう。もっと英語を楽しみながら使ってくれたらいいのに……と思います。

　英語が「こわい」という感覚を捨てるには、いいかげんでもいいから、とにかくどんどん話してみることです。発音や文法なんて気にせず、教室という安全地帯から飛び出し、英語の海に飛び込んでみましょう。間違えたり、通じなかったりしても、たいした問題ではありません。失敗は正しい英語を学び直すチャンス！ いろいろな人とたくさん接したほうが上達もしやすいし、絶対オトクです!!

　オリンピックに向けて、「おもてなし」という言葉もよく使われますが、「おもてなし」とは何も特別なことをするのではなく、困っている人がいたら手助けし、目があえば挨拶をするごく当たり前のコミュニケーションのことです。

「英語を話せない」ことが障害になって、「おもてなし」の心をいつも通り発揮できないとしたら、残念ですよね。外国人、日本人を問わず、誰にでも自然に「おもてなし」ができたら、どんなに気持ちがいいでしょう。また、日本にいながらにしていろいろな国の人と接するのは、異文化に触れられる機会でもあり、楽しいものです。

話す言葉が違っても、人間、そう変わるものではありません。笑顔を向けられればいやな気はしませんし、親切にされてうれしいのは万国共通です。

本書を手に外へと出かけ、困っている外国人がいたら、勇気を出して話しかけてみましょう。この本を、外国人とつながるためのツールとして役立てていただけたら、とてもうれしいです。

楽しみながら、英語をもっと気軽に使いましょう！

2017年冬
デイビッド・セイン

この本の使い方

■ 本書では、中学で習う単語や文法を活用した英会話をご紹介しています。
 コラムでは、実際の会話でよく登場する表現などをまとめました。
■ 英語のネイティブ・スピーカーによる音声を MP3 で提供。基本例文を
 繰り返し聞けば、正しい発音の習得や暗記に役立ちます。
■ CHAPTER 1～3 は、外国人との街での出会いや、友達になる場面を
 設定しています。実際に「外国人に自分から声をかけ、英語で道案内を
 する」という最低限の「おもてなし」ができるようになるのが目標です。
 それが達成できれば自信がつき、さらに学びを深めていけるでしょう。

CHAPTER 1 英語で道案内をし、簡単な雑談をする。
↓
CHAPTER 2 外国人と友達になり、一緒に出かける。
↓
CHAPTER 3 友達になった外国人を自宅に招く。

※ CHAPTER 4 「日本の紹介」の例文は、もっと日本文化を知りたい
 外国人への「おもてなし」に役立ちます。

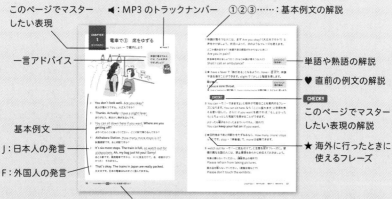

このページでマスター したい表現
◀：MP3 のトラックナンバー　①②③……：基本例文の解説
一言アドバイス
基本例文
J：日本人の発言
F：外国人の発言
単語や熟語の解説
♥ 直前の例文の解説
CHECK!! このページでマスターしたい表現の解説
★ 海外に行ったときに使えるフレーズ
カタカナ英語クイズ。答え（代表的な英訳）は次の偶数ページに！

◀ 音声ダウンロード方法

以下の URL か QR コードよりダウンロードしてください。音声ファイルの形式は MP3 ですので、MP3 を再生できる電子機器が必要です。再生機器についてのご質問は、使用機器のメーカーにお問い合わせ下さい。

http://www.kawade.co.jp/np/isbn/9784309617084/

便利な表現 さまざまなシーンで使い回せる、覚えておくとトクする表現。

WORD BANK 覚えておくと役に立つ、テーマ別の単語集。

POINT 英語上達のためのワンポイントアドバイスや、外国人の気持ちがわかる一言メッセージ。

斜体：日本語の読みのまま使う単語。
（例：*senbei, soba*）

CHAPTER
1
街での出会い

困っている外国人がいたら力になってあげたいもの。
手助けができて、さらに少しおしゃべりができたら、
英語を勉強するのがもっと楽しくなるはず。
覚えておくと安心！　の
「道案内」や「出会いの会話」をご紹介します。

CHAPTER 1
街での出会い

道案内① 自分から声をかける
You need to ～ で説明しよう

◀ TRACK 1

外国人観光客はなかなか日本人に話しかけられないもの。こちらから積極的に話しかけよう!

J: **What happened?**
　どうしました？

F: I got lost.
　道に迷っちゃって。

J: **Where do you want to go?**
　どこへ行きたいのですか？

F: **I want to go to Asakusa**, but I don't know where I am.
　浅草に行きたいんですが、今どこにいるのかわからなくて。

J: This is Ueno. **You need to take the Ginza Line** to get to Asakusa. The station is over there.
　ここは上野です。浅草へ行くには銀座線に乗らないと。駅はあそこですよ。

F: Oh, okay. Thanks!
　ああ、わかりました。ありがとう！

カタカナ英語クイズ **Q1** アメリカン（コーヒー）を英語で言うと？

① 「何があったの?」「どうしたの?」と相手にたずねるなら、What happened? がオススメ。相手に何が起きたのかを確認するときに使います。同じ意味合いで使えるフレーズは他にもいろいろあるので、状況に応じて使い分けましょう。

どうしたの?(何か困っているときに)
What's the matter? matter(問題)
♥ What's wrong? や Is something the matter? も同じ状況で使えます。

何かお手伝いしましょうか?(手助けが必要そうなときに)
Can I help you?
♥ お店などの接客でも使うフレーズです。May I help you? も同じ意味になります。

大丈夫ですか?(体調などを気づかって)
Are you okay? OKの正しい綴りは okay になります

② 行き先を聞くときは場所を表す疑問詞 Where を使い、Where do you want to go? (どこへ行きたいのですか?) とたずねましょう。Where are you trying to go? (どこへ行こうとしているの?) や Where are you headed? (どこへ向かっているの?) でも同じようなニュアンスになります。
head は動詞だと「進む」「向かう」という意味になり、ネイティブは go to の代わりに口語的な表現でよく使います。Where are you heading? と現在進行形にしても OK ですが、ネイティブはどちらかというと、受動態の Where are you headed? を好んで使うようです。

③ ★I want to go to Asakusa. の代わりに、I'm trying to go to Asakusa. (浅草に行こうとしている) と表現しても OK です。
I'm trying to ~ で「~しようとしているところだ」と「今まさにやろうとしている行動」を表せます。会話などで自分の行動を説明するときに、とてもよく使うフレーズです。② で紹介した Where are you trying to go? (どこへ行こうとしているの?) は、それを疑問形にしたものです。

CHECK!!

④ 日本人は You need to ～を「あなたは～する必要がある」と堅く訳しがちですが、実際は「～しないと」「～しなきゃ」くらいの軽いニュアンスの言葉。人に何かを説明するときによく使うため、「おもてなし」に必須のフレーズといえます。ぜひ使いこなしましょう！

東京駅で乗り換えないと。

You need to transfer at Tokyo Station.

> transfer at + 場所（～で乗り換える）

あの黄色い機械で運賃を精算しないと。（料金不足のとき）

You need to adjust your train fare at that yellow machine.

> adjust train fare（運賃を精算する）

「（電車などの公共交通機関に）乗る」なら、動詞は take が一般的です。take には「利用する」の意味もあり、移動手段に対して使うと「乗って出かける」というイメージになります。一方 ride は「乗る」行為にのみ焦点を当てた言葉になるため、移動手段として表現するなら take を使うほうが自然です。

渋谷まで山手線に乗らないと。

You need to take the Yamanote Line to Shibuya.

新幹線に乗りたいですか？

Do you want to ride the *Shinkansen*?

♥ ただ「乗る」だけで、移動のニュアンスはない。

便利な表現

《たずねられた場所がわからないとき》

場所を聞かれて自分もその場所への行き方がわからないときは、次のような返事で切り抜けましょう。

すみません。どうやってそこへ行くか、私も知りません。

Sorry. I don't know how to get there either.

♥ Sorry, I don't know.（すみません、知りません）でも OK ですが、...not ～ either（…も～ない）を使い、I don't know how to get there either. とすれば、より丁寧な表現になります。

そのコンビニエンスストアで聞くといいですよ。
You should ask at the convenience store.
♥ You should +動詞で「〜するといいですよ」という軽いアドバイスになります。

交番に連れていってあげます。
I'll take you to the police box.

take A to B
（A を B に連れていく）

ついて来て。（自分が直接案内するなら）
Follow me.

Come with me.
でも OK。

《近くの場所を教えるとき》
指差して教えられるくらい近くの場所なら、「あそこ」「このあたり」「すぐそこ」といったフレーズで説明しましょう。

すぐそこです。
It's just over there.

over there
（あそこ、向こう）

♥ It's right over there. も同じ意味になります。

WORD BANK　道路の目印を覚えよう！

横断歩道　pedestrian crossing｜大通り　big road｜高架下　under the elevated tracks｜交差点　intersection｜高速道路　freeway / highway｜国道　national highway｜坂　slope｜十字路　crossroad｜信号　traffic light / stoplight｜トンネル　tunnel｜橋　bridge｜歩行者専用道路　pedestrian road｜歩道橋　pedestrian bridge｜陸橋　overpass｜スクランブル交差点　scramble (pedestrian) crossing

POINT　ゆっくりはっきり話そう！

「正しい英語はどういう話し方ですか？」とよく聞かれますが、そもそも「正しい英語」なんてありません！　日本語にも方言があるように、英語も住む場所や年齢により、発音や言い回しは異なります。イギリス英語とアメリカ英語はもちろん、アメリカ国内ですら違うって、ご存じでしたか？　大切なのは、相手が聞き取りやすい話し方をすること。まずは「ゆっくりはっきり」話すことが、英語での「おもてなし」の第一歩です。

COLUMN

会話がはずむ！ あいづち表現

たとえ長い文章が言えなくても、ほんの2、3単語で通じるフレーズを返せば、なんとなく会話は通じるもの。日本人は、あいづちを打つとき、つい「Yes（イエス）」と言ってしまいますが、同じ言葉ばかり繰り返すと、外国人はバカにされていると誤解するかも……。
ここで紹介する「あいづちフレーズ」は、どれもネイティブがよく使う1～3単語の簡単なものばかり。臨機応変に使い分け、ちょっと「ネイティブ風」に見せちゃいましょう！

●あいづちを打つとき

> 会話をしていて、何も反応がないと相手は不安になります。会話の合間に「なるほど」「ふーん」という、あいづちを打つだけで、会話はスムーズに進むでしょう。

- □ I see.（うん、なるほど）
- □ Oh.（ああ、おや）
- □ Mm.（ふーん、ふむふむ）
- □ Uh-huh.（なるほど）

●同意するとき

> 日本人は深い考えもなく「はい（Yes）」と言ってしまいますが、外国人相手にそれはNG！　本当に意見が同じときだけ、同意の返事をするようにしましょう。

- □ Yeah.（わかった）
- □ Okay.（オーケー、わかった）
- □ Right.（そう、わかった）
- □ Sure.（もちろん）
- □ Of course.（もちろん）
- □ No problem.（大丈夫です）
- □ Okay, sure.（いいですよ）
- □ Not at all.（かまいませんよ）

●興味を示すとき

> 会話中に、相手の話に興味を持ったら、「へえ、そうなの？」「本当に？」といった、相手を「その気にさせる」あいづちを打ちましょう。話が盛り上がること、間違いなしです！

- □ Yeah?（へえ、そうなの？）
- □ Really?（本当に？）
- □ Is that right?（本当に？）
- □ How interesting!（面白い！）
- □ Sounds good.（いいね）
- □ Sounds fun.（面白そう）

●ほめるとき・驚いたとき

ほめられたら、誰だって悪い気はしません。相手が驚くことを言ったら、素直に「すごい！」と反応しましょう。恥ずかしいくらい大げさに言うと、ネイティブ風の英語に聞こえます。

- □ Amazing!（すごい！）
- □ Awesome!（すごい！）
- □ Wonderful!（すばらしい！）
- □ No way!（ウソ！）
- □ Unbelievable!（信じられない！）
- □ Oh my god!（なんてこと！）

●時間かせぎをするとき

すぐ返事ができないとき、日本語でも「えーっと」とか「うーん」なんて、言葉にならない声で時間かせぎをしますよね？ それに当たる英語です。覚えておけば、いざというとき役に立ちますよ！

- □ Um ...（えーっと）
- □ Well ...（えーっと）
- □ You know.（ほら、あれだよあれ）
- □ Uh ..., let me think.（えーっと、ちょっと考えさせてね……）

●要点だけを聞くとき

長い会話ができないなら、要点だけを聞き返すのも手！ 中学で習う What? / When? / Where? / Why? / Who? / How? の5W1Hをフル活用して、大事なポイントを押さえましょう。

- □ What?（何？）
- □ When?（いつ？）
- □ Where?（どこで？）
- □ Why?（どうして？）
- □ Who?（誰？）
- □ How?（どうやって？）
- □ You did?（やったの？）
- □ Not yet?（まだ？）

会話は「聞いて答える」のキャッチボールが基本！ とにかく何か話しかけられたら「反応」しましょう。それだけで、外国人との距離はグッと近づきますよ！

CHAPTER 1　街での出会い

CHAPTER 1 街での出会い

道案内② トイレを案内する
Let me 〜 で親切な声かけを

🔊 TRACK 2

F: **Excuse me.** Are there any restrooms near here?
すみません、この近くにトイレはありますか？

J: **Hold on. Let me ask someone.**
ちょっと待って。誰かに聞いてみましょう。

F: That's very helpful, thanks.
それは助かります、ありがとう。

J: **There should be a public restroom in the park. Do you know where it is?**
あの公園に公衆トイレがあるみたいです。どこかわかりますか？

F: Yeah, **next to the swing**?
ええ、ブランコの隣ですか？

J: That's right. **Cross the street here.**
そうです。ここで道を渡ってください。

14　カタカナ英語クイズ **A 2** (soda) pop

① ★見知らぬ人に「すみません」と声をかけるなら、定番表現の Excuse me. がいいでしょう。Pardon me. も同じ意味で使えますし、作業中の人になら、Are you busy?（忙しいですか？→ちょっといいですか？）がオススメです。

時々、間違えて I'm sorry. と声をかける人がいますが、Excuse me. と I'm sorry. は、そもそも意味が違います。I'm sorry. は「申し訳ありません」の謝罪ですが、Excuse me. は「失礼ですが」と断りを入れるときに使うフレーズです。日本語の「すみません」がどちらの意味でも使えることからくる誤解ですので、注意しましょう。

---

② 少しの間待っていてもらうなら、Hold on. の他に Just a moment. や Wait a moment.、One moment. などのフレーズも同じような意味で使えます。最後に please を付けると、より丁寧に聞こえるでしょう。

CHECK!!

③ 自分が質問に答えられないときは、Let me ask someone.（誰かに聞いてみましょう）と返すと親切です。Let me ＋動詞で「〜しましょう」と、自分から何かを申し出るフレーズになります。相手への親切な声かけになりますから、「おもてなし」には必須！ いろいろ応用して使いましょう。

やってみましょう。（相手のために何かをやってあげるときに）
Let me try for you.

どうやってやるかお見せしましょう。（使い方などを教えるときに）
Let me show you how. ……… how（方法、やり方）

書きましょう。（紙に書いて何かを教えるときに）
Let me write it down for you. ……… write down（書き留める）

スマホに入力しましょう。（アドレスなどを入力してあげるときに）
Let me type it into your smartphone. ……… type A into B（A を B に打ち込む）

CHAPTER 1　街での出会い　道案内②　トイレを案内する

④ 確信していないことを伝えるとき、日本語でも「〜みたい」「〜のはず」とちょっと曖昧に表現しますよね？ そんなときに便利なのが、助動詞の should です。There should be 〜で「〜があるみたい」と可能性や期待があることを伝えられます。

その角のあたりに交番があるみたいです。
There should be a police box around the corner.
♥「〜のあたり」と曖昧に表現するなら around を付けて。

⑤「〜はわかりますか？」と確認するなら、Do you know 〜？で始めましょう。場所をたずねるなら Do you know where 〜？（〜はどこかわかりますか？）、時間や日時をたずねるなら Do you know when 〜？（〜はいつかわかりますか？）です。Do you know＋疑問詞の後は、主語＋動詞の語順になるので注意してください！

ホテルがどこにあるかわかりますか？
Do you know where your hotel is?
♥最後に be 動詞を付けるのを忘れずに！ 〜 where is your hotel? ではありません。

彼が何時に来るかわかりますか？
Do you know what time he will come?
♥助動詞が入る場合は、疑問詞の後は主語＋助動詞＋動詞の語順に。

⑥ next to 〜で「〜の隣」、cross 〜（⑦）で「〜を渡る」です。道案内は、場所を表すフレーズさえ覚えてしまえば、あとはその応用表現で大丈夫。単語を入れ換えて使いましょう。
また何かを聞き返すときは、わざわざ疑問文にしなくても、〜 next to the swing? のように語尾を上げてたずねれば通じます。 長い文章が思い浮かばないときは、「語尾上げ」で聞いちゃいましょう！

便利な表現

《トイレに関係する表現を覚えよう！》
人がトイレの場所を聞くのは「急を要するとき」ですから、具体的かつ簡潔なアドバイスをすると喜ばれます。

そのコンビニでトイレを借りられます。
You can use the restroom at that convenience store.

> You can 〜 で「〜できます」

トイレなら、あのデパートにあります。
There's a restroom in that department store.
♥ There's 〜で「〜があります」、in の後を変えれば、さまざまな場所に応用できます。

この近くにトイレはありません。
There isn't a restroom around here.

> around here（この近く）

♥ この後に Let me ask someone.（誰かに聞いてみましょう）と続けると親切です。

和式のトイレでもいいですか？（和式トイレしかないとき）
Is a Japanese-style toilet okay?
♥ 和式トイレは Japanese-style toilet、または squat（かがむ）を使い squat toilet と表現します。ちなみにアメリカでは一般的な「トイレ」は restroom で、toilet は「便器」です。状況に応じて使い分けましょう。

WORD BANK 街中の目印を覚えよう！

空き地 empty lot｜入口 entrance｜オフィスビル office building｜改札 ticket gate｜階段 stairs｜看板 sign｜建設中のビル building under construction｜公園 park｜工事現場 construction site｜交通標識 traffic signal｜住宅街 residential area｜商店街 shopping center｜出口 exit｜電光掲示板 electronic sign board｜トンネル tunnel｜民家 private home｜目印 landmark

POINT 表情筋を鍛えよう！

日本人の英語が聞き取りにくい理由の一つに、口を大きく動かさないこと、つまり表情の乏しさが挙げられます。海外のドラマを見ると、俳優の表情や口の動きを大げさに感じるかもしれませんが、実は欧米ではそれが当たり前。英語を話すには、日本語とは違った表情筋の動きが必要なのです。恥ずかしいかもしれませんが、「大げさ過ぎる」くらいの表情をすると発音もハッキリし、英語も聞き取りやすくなるでしょう。

CHAPTER 1
街での出会い

道案内③ 地図で説明する
道案内は命令形で

TRACK 3

道案内は、ゆっくりでいいから正確に伝えるのがポイント！

F: **Where am I?**
ここはどこですか？

J: **Okachimachi. Here.**
御徒町ですよ。（地図を指さしながら）ここです。

F: **How do I get to Ameyoko?**
アメ横へはどうやって行くんですか？

J: **Go down this street** and turn right at the next traffic light.
この道をずっと行って、次の信号を右に曲がってください。

F: **How long does it take?**
どれくらいかかりますか？

J: **It's about a 10 minute walk.**
歩いて10分くらいです。

① ★現在地がわからないときには、周りの人にこう聞きましょう。連れがいる場合は、Where are we? と複数形に。疑問文ではなく、I don't know where I am. (今どこにいるのかわからないんですが) でも同じ意味で使えます。

② 地図を見ながら今いる場所を教えるなら、Here. (ここです) と指でさせば OK。ちなみに地図の中で「現在地」を表す言葉は、You are here. (あなたはここにいます) です。

③ ★ get to + 場所で「〜に達する」なので、How do I get to 〜? で「どうやったら〜に行けますか?」と目的地への行き方をたずねるフレーズになります。How can I get to Ameyoko? もほぼ同じ意味ですが、微妙にニュアンスは異なります。ふつうに「どうやって (〜しますか?)」とたずねるなら How do I 〜? ですが、迷子になって「一体どうやったら (〜できますか?)」と聞くなら、必死さが伝わる How can I 〜? を使うとよいでしょう。

どうやったらそこへ行けますか?
How can I get there?
♥ まったく行き方がわからないときには How can I 〜? で。

CHECK!!

④ 道案内は命令形を使うのが基本です。please を付けなくても失礼になりませんから、どうぞご安心を!「英語で道案内なんて難しそう……」と思うかもしれませんが、基本フレーズに当てはめればいいので実は簡単。P26-27 の表現も組み合わせれば、ほぼ完璧です。

その信号を左に曲がって。
Turn left at the signal. ……… turn left (左折)、turn right (右折)

そのドラッグストアを通り過ぎて。
Go past the drugstore. ……… go past (通り過ぎて)

この通りを突き当たりまでまっすぐ行って右折して。
Go to the end of this road and then turn right.

歩道橋を渡って、バス停までまっすぐに行って。
Cross the pedestrian bridge and then go down to the bus stop.

pedestrian bridge（歩道橋）、bus stop（バス停）

ちなみに Go down this street は「この道をずっと行って」という道案内の定番表現です。go down には「下がる」という意味もありますが、後に道を表す語が続く場合は「ずっと（まっすぐに）行って」という意味になります。これは英語の場合、down は自分から遠ざかるイメージになるためです。go down a slope なら「坂を下りて」という意味です。

⑤ ★どれくらい時間がかかるか、時間の「長さ」をたずねるなら How long does it take? ですが、「距離」をたずねるなら How far is it?（どれくらいの距離ですか？）です。英語初心者がよく混同するフレーズがこの二つで、距離ではなく物の長さをたずねるなら How long ~?（~はどれくらいの長さですか？）を使います。「距離は far、長さは long」と覚えておきましょう！

ここから駅まではどれくらいかかりますか？（時間をたずねる）
How long does it take from here to the station?

ここから駅まではどれくらいですか？（距離をたずねる）
How far is it from here to the station?

夏休みはどれくらいですか？（長さをたずねる）
How long is your summer vacation?

便利な表現

《どれくらい時間がかかるかを伝えよう！》
中学校で習う時間の基本表現といえば、It takes ＋時間で「~（だけ）時間がかかる」です。

徒歩なら1時間以上かかります。
It takes more than one hour if you walk.

more than ＋時間（~時間以上）

♥ if you walk で「もしあなたが歩いたら」→「徒歩なら」となります。

しかし、ネイティブはよく❻のように It's+時間の言い回しも使います。これも便利な表現ですから、ぜひマスターしてください。

歩いて3分くらいです。
It's about a three minute walk.
> ～ minute walk（徒歩～分）

♥ a three minute walk（徒歩3分）は、three と minute を walk を修飾する形容詞と考えるため minute は単数になります。It's three minutes on foot. でも OK です。

車で5分くらいです。
It's about a five minute drive.
> ～ minute drive（車で～分）

10分かかりません。
It's less than ten minutes.
♥ less than +時間で「～以下」→「～はかからない」となります。

歩いて行ける距離ではありません。
It's not within walking distance.
> walking distance（徒歩圏）

♥ walking distance もよく使う表現ですので、覚えておきましょう。

WORD BANK　建物の名前を覚えよう！

銀行　bank｜警察　police｜高層ビル　high-rise｜交番　police box｜コンビニエンスストア　convenience store｜市役所　city office｜寺院　temple｜城　castle｜神社　shrine｜タクシー乗り場　taxi stand｜駐車場　parking lot｜図書館　library｜バスの停留所　bus station｜博物館　museum｜病院　hospital｜マンション　apartment building｜薬局　drugstore｜郵便局　post office

POINT　数字を侮るべからず

実は、道案内で大切なのは「数字」。たとえフレーズが出てこなくても、数字を正しく伝えればかなりなんとかなります。one, two, three ... だけでなく、順番を表す first, second, third ... の序数もぜひ覚えましょう。「二つ目の信号」なら second stoplight、「徒歩3分」なら three minute walk など、「数字＋基本単語」の組み合わせで切り抜けられるはず。正しく数字を伝えれば、あとは中学生レベルの英語力で十分です！

CHAPTER 1

街での出会い

道案内④　聞き返す

Could you 〜? で丁寧にお願いする　◀ TRACK 4

英語が聞き取れなくても、何かしら反応しよう！

F: **Is there a convenience store around here?**
このあたりにコンビニエンスストアはありますか？

J: **Sorry? Could you repeat that?**
え？　もう一度言ってもらえますか？

F: I'd like to go to a convenience store.
コンビニエンスストアに行きたいんですが。

J: **A convenience store? Umm... let me think. If you cross this walkway and turn right at the corner with the orange building, there should be one there.**
コンビニエンスストアですか？　えーっと……ちょっと待ってくださいね。この歩道橋を渡ってオレンジ色のビルの角を右に曲がったら、そこにあるはずです。

F: **Is there an ATM in the convenience store?**
そのコンビニに ATM はありますか？

J: Sorry, I don't know. But **there's a bank three buildings past the convenience store.**
すみません、わからないです。でも銀行なら、そのコンビニの3軒先にありますよ。

カタカナ英語クイズ **A 4** soft-serve ice cream cone

① ★「〜はありますか?」とたずねるなら、Is there 〜 ? です（複数なら Are there 〜 ?)。建物の所在地だけでなく、物の有無や好き嫌いなど、さまざまな物の「ある・なし」を確認できます。

（このあたりに）寿司屋はありますか?（店の近くまで来て）
Is there a *sushi* restaurant?

♥「近くまで来ているはずなんだけど……」という状況で使えば、around here がなくても「(このあたりに) 〜はありますか?」というニュアンスに。

この近くに ATM はありますか?
Is there an ATM near here?

ATM の冠詞は an になることに注意!

食べられない物はありますか?（レストランなどで）
Are there any foods you can't eat?

♥ 複数形の疑問文は、Are there any +名詞の複数形? になります。

② 相手の言葉が聞き取れなかったら、すぐに聞き返しましょう。まずは Sorry? (え?) と謝り、もう一度言ってもらうのが一番シンプルなやり方です。

CHECK!!

③ 「もう一度言ってもらえますか?」とお願いするなら Could you 〜 ?（〜してもらえますか?）を使い、Could you repeat that? と言えば丁寧な依頼になります。Could you say that again? も、ほぼ同じ意味に。また Pardon me? (語尾を上げながら) も「失礼ですが、もう一度言ってもらえますか?」と依頼するシンプルな表現です。Pardon me. は見知らぬ人に話しかけるときや、人混みをかき分けるときなどにも使えます。他に次のようなフレーズを覚えておくといいでしょう。

ゆっくり話してもらえますか?
Could you speak slowly?

more slowly なら「もっとゆっくり」

もっと簡単な英語で言ってもらえますか?
Could you use simpler English?

use
（使う→話す）

④ 聞き間違えていないか確かめるなら、A convenience store?（コンビニエンスストアですか?）のように、相手の言葉を繰り返しましょう。語尾を上げながら言えば、「〜ですか?」という質問になります。

⑤ ちょっと口ごもるなら、Umm...がオススメ！ 日本語の「うーん……」と同じような感覚で使えます。また「ちょっと待ってくださいね」と時間かせぎをするなら、Let me think.（考えさせて）の一言を。少し考える時間が欲しいときの決まり文句です。他に Let me see. や Let's see. も「ええっと」「そうだなぁ」という意味で使えます。ネイティブはこれらのフレーズを非常によく使いますから、日常的な口癖にしちゃいましょう！

⑥ 道案内ではよく If you 〜 , there should be ...（［もし］〜したら、…があるはずです）のフレーズを使います。仮定や条件を表す If を難しく考える人が多いようですが、パターンで覚えれば簡単です！

この道を少し先に行くと、交番があるはずです。
If you go a little bit farther this way, there should be a police box.

a little bit（少し）、*farther*（先へ）

その角を右に曲がったら、バス停があるはずです。
If you turn right at the corner, there should be a bus stop.

⑦「〜があります」なら、①の疑問文の語順を逆にし、There's 〜（複数なら There are 〜）で始めましょう。

郵便局のそばに公衆電話があります。
There's a pay phone by the post office.

pay phone（公衆電話）

♥ 前置詞の by には「〜のそばに」という意味もあります。

1日乗車券があります。
There are one-day passes.

one-day pass（1日乗車券）

♥ 単数形の場合、There is 〜 を省略して There's 〜 としますが、複数形の場合は省略せず There are 〜 のままです。

便利な表現

《「〜してもらえますか?」の表現をマスターしよう!》

相手に丁寧にお願いするなら、Could you 〜 ? がオススメ。「おもてなし」には必須のフレーズですから、いろいろと使い回しましょう。

それを書いてもらえますか?(言っていることがわからないとき)
Could you write it down for me?

地図で教えてもらえますか?(目的地を地図で指し示してもらうとき)
Could you show me on the map?

付いてきてもらえますか?(道案内するときに)
Could you follow me, please? — follow(付いていく)

少しここで待っていてもらえますか?(相手を待たせるときに)
Could you wait here a moment? — a moment(少しの間)

駅までの行き方を教えてもらえますか?(道を聞くとき)
Could you tell me how to get to the station?

WORD BANK　距離や位置の表現を覚えよう!

角で　at the corner｜近所　neighborhood｜すぐそこ　right there｜次の　next｜次の次の駅　the stop after next｜電車で　by train｜東西南北　north, south, east and west(英語ではこの語順)｜遠く　far｜徒歩で　on foot｜徒歩圏　walking distance｜反対側　opposite side｜斜め向かいの　diagonally opposite｜方角　direction｜〜の前　before｜前の前　the one before last

POINT　ハートが通じれば言葉はいらない?!

道案内でもし頭の中が真っ白になったら、This way.(こっちです)や That way.(あっちです)の2単語フレーズでもいいでしょう。最悪、何も浮かばなかったら、指をさして教えてあげるだけでも OK。今は亡きデイビッド・ボウイも、かつて京都で手を引いて案内されたのが、日本贔屓になったきっかけだとか……。スマホを持っているなら、I'll google it (for you).(グーグルで調べてみます)と声をかけるのも手です。

COLUMN

道案内に便利な表現

道案内に役立つ表現を集めてみました。図を見ながら覚えてみましょう！

～の隣に
next to～

～の近くに
near～

～のあたりに
around～

～の前に
in front of～

～の向かいに
opposite (to)～

～のうしろに
behind～

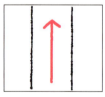

～をまっすぐ進んで
go straight～

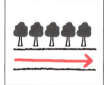

～に沿って
go along～

～を通り過ぎて
go past～ / pass～

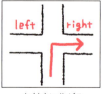

右(左)に曲がる
turn right (left)

～の向かいに
（道路をはさんだ向こう側）
across from～

～の斜め向かいに
diagonally across from～

※opposite(to)～とacross from～はほぼ同じニュアンスで使います。

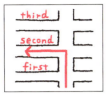
～番目の角を左(右)に
turn left (right) at the ～ corner

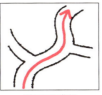
道なりに進む
follow the street

AとBの間に
between A and B

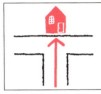
～の突き当たりに
at the end of ～

～の右(左)側に
on one's right (left)

～を背にして
with one's back to ～

● フレーズを組み合わせて、いろいろな道案内に挑戦しよう！

道なりに進むと大きなビルが見えます。
Follow this street and you'll see a big building.

そのコンビニエンスストアは通りの向かい側です。
The convenience store is on the opposite side of the street.

この道を突き当たりまでまっすぐ行き、右に曲がります。
Go to the end of this road and then turn right.

ABC美術館は、駅を背にして右側にあります。
ABC Museum is to the right with your back to the station.

あの橋を通り過ぎて2、3分歩くと浅草寺が見えます。
You will see Sensoji Temple two or three minutes after you pass that bridge.

ここから三つ目の信号を左に曲がり、4軒目が私の家です。
(From here,) turn left at the third light and my house will be the fourth building.

CHAPTER 1
街での出会い

電車で① 運賃を聞かれる
オススメは I recommend 〜 で　　🔊 TRACK 5

日本独自の交通機関のルールを教えてあげよう！

J: <u>Can I help you?</u>①
どうしました？

F: I want to go to Harajuku Station, but <u>I don't know how much it is.</u>②
原宿駅まで行きたいのですが、いくらかわからなくて。

J: It's 550 yen. But <u>I recommend using a Suica card rather than buying a ticket.</u>③
550円です。でも切符を買うより、スイカのほうがオススメです。

F: Suica? What is that?
スイカですか？　それは何ですか？

J: <u>It's an IC card that can be used on the main train lines and bus routes in the city.</u>④ <u>If you charge the card with money, you can pay the ticket fare quickly when you pass through the automatic gate at the station.</u>⑤
首都圏の主な鉄道やバスで使えるICカードのことです。カードにお金をチャージしておけば、駅の自動改札機を通るとき即、運賃を支払えます。

F: Wow, that's really convenient.
へえ、それはすごく便利だ！

カタカナ英語クイズ **Q.6** バイキングを英語で言うと？

① 何か困っていそうな観光客を見かけたら、積極的にこちらから声をかけましょう (P9 参照)。Can I help you? (どうしました?) は声かけの定番フレーズです。状況により、次のようなフレーズで話しかけても喜ばれますよ。

何か探しているんですか? (探し物をしている人に)
What are you looking for?

look for 〜
(〜を探す)

どちらへ? (移動中の人に)
Where are you going?

お急ぎですか? (慌てている人に)
Are you in a hurry?
♥「どうして急いでいるの? (何かあったの?)」と相手を気づかうニュアンスがあります。

手伝いましょうか? (手助けが必要そうな人に)
Would you like some help?

英語を話せる人が必要ですか? (言葉が通じない人に)
Do you need someone who can speak English?

---

② ★「いくらかわからない」は how much (いくら) を使い、I don't know how much it is. です。「〜がわからない」は I don't know 〜 で、後に内容を続ければ OK。I don't know how much to pay. (いくら払うのかわからない) でも同じニュアンスになります。

CHECK!!

③「〜がオススメです」とお気に入りの物を紹介するなら、I recommend 〜 が決まり文句。recommend の後に動詞を続ける場合は ing 形にしましょう。recommend A rather than B なら「B より A がオススメです」と、二つの物を比較してどちらがいいかを伝えられます。日本でぜひ経験してもらいたい物をオススメするなら、ぜひこのフレーズを!

今週末はそのお祭りに行くといいよ。
I recommend going to the festival this weekend.

festival (祭り)

そこでバスに乗るといいよ。
I recommend taking the bus there.

浅草でお土産を買うといいよ。
I recommend buying souvenirs in Asakusa.

souvenir
(お土産)

④ It's +名詞+ that can be used ...で「…で使われる〜です」と、物の使い方と名称を教えるフレーズになります。まず It's +名詞で名前を紹介し、続くthat 以下で使用法を説明するといいでしょう。帯やかんざしといった、日本独自の物を紹介するのに便利です。

それは着物を着る人に合わせるために使う帯というものです。
It's an *obi* that can be used to adjust the *kimono* to the wearer.

adjust
(調節する)

それは髪を留めるために使われるかんざしというものです。
It's a *kanzashi* that can be used to put your hair up.

⑤ IC カードの使い方を説明するなら、⑤のフレーズにはキーワードがいっぱい。charge the card with money で「カードにお金をチャージする」、ticket fare「運賃」、pass through「通り過ぎる」、automatic gate「自動改札」などは覚えておくと便利です。

便利な表現

《Can I 〜 ? で、おもてなしはバッチリ！》
Can I 〜 ? は「〜しましょうか？」と自分から何かを申し出るときに使うフレーズなので、おもてなしにはうってつけ！ 定番表現を覚えて、いざというときに役立てましょう。

何か用はありませんか？（困っている人に）
Can I do anything for you?

一つ提案してもいいですか？（アドバイスしたいときに）
Can I make a suggestion?

make a suggestion
(提案する)

地図を見せてもらえますか？（地図を見ながら説明するときに）
Can I look at your map?

一緒（いっしょ）に写真（しゃしん）を撮（と）ってもいいですか？（有名人などに）
Can I take a picture with you?

take a picture
（写真を撮る）

《If you ～でアドバイス上手に！》
「～したら（…します）」のように、例を挙げて説明するなら、If you ～を使いましょう。具体的なアドバイスに聞こえるので、外国の人でも理解しやすいはずです。

210円払えば1枚の切符でそこまで行けます。（乗り継ぎがあるときに）
If you pay 210 yen, you can get there with one ticket.

get（着く）

この店で買い物をすれば、免税（めんぜい）になります。
If you shop at this store, it will be duty free.

duty free
（免税）

"omori"と言えば、大盛りにしてもらえます。
If you say "omori," you can get a large serving.

large serving
（大盛り）

WORD BANK 駅に関係する表現を覚えよう！

1日乗車券 one-day pass｜駅員 station staff｜改札口 ticket gate｜切符売り場 ticket counter｜券売機 ticket machine｜構内案内図 station layout map｜時刻表 timetable｜総合案内所 information desk｜中央口 central exit｜通勤する commute｜西口・東口・南口・北口 west exit / east exit / south exit / north exit｜ホーム platform｜待合室 waiting room｜路線図 route map

POINT 固有名詞はしっかり伝える

観光中の外国人が助けを求めるのは、切羽（せっぱ）詰まったときのはず。せっかく教えても、相手が聞き間違えたら元も子もありませんから、「何駅」に行くのか、「何線」に乗るのか、「どこで」乗り換えるのか……といった固有名詞はしっかり伝えましょう。日本の名称は、外国人には呪文（じゅもん）のように聞こえます。余裕（よゆう）があれば、紙に書いて教えてあげると親切です。

CHAPTER 1 街での出会い

電車で② 乗り換えの案内

I'll 〜 で意志を伝えよう

◀ TRACK 6

I'll 〜 と I will 〜 のニュアンスを使いわけよう

F: Excuse me, where do I change trains to get to Yokohama?
すみません、横浜に行くにはどこで乗り換えればいいですか？

J: Yokohama Station? I'll look it up on my smart phone. Change to the Yamanote Line at the next station, then change to the Toyoko Line for Yokohama at Shibuya Station.
横浜駅ですか？　スマートフォンで確認しますね。次の駅で山手線に乗り換えて、渋谷駅で東横線の横浜方面行きに乗ってください。

F: Okay, so I take the Toyoko Line from Shibuya? I need to get to Yokohama by 3:00. How long does it take?
わかりました、では渋谷で東横線に乗るんですね？　3時までに横浜へ行かないと。どれくらいかかりますか？

J: It takes about 40 minutes. Japanese trains usually run on time, so you'll definitely get there by 3:00.
40分くらいです。日本の電車は時間通りに動きますから、間違いなく3時には着きますよ。

F: Great! I'll be able to make it to the meeting then.
よかった！　これで会議に間に合います。

カタカナ英語クイズ Q7 ハンバーグを英語で言うと？

① ★「どこで〜すればいいですか?」と自分が何かをやる場所をたずねるなら、Where do I 〜 ? を使いましょう。

切符はどこで買えばいいですか?（乗車券売り場をたずねて）
Where do I buy a ticket?

どこに並べばいいですか?（列に並ぶときに）
Where do I line up?

CHECK!!

② 自分から「〜しましょう」「〜するよ」と何かを申し出るなら、I'll 〜 で始めます。「I will 〜の短縮形は I'll 〜で、意味は同じ」と習ったかもしれませんが、ネイティブはこの二つを使い分けます。
助動詞の will は意志や未来を表すので、I will 〜とあえて短縮せずに言えば「（絶対に）〜します」と意志を強く出すニュアンスに。
一方、会話などで I'll 〜と言えば「〜しましょう」「〜するよ」と、とっさに思い付いた気軽な予定になります。

明日お台場のコミケに行くつもりです。（強い意志を表して）
I will go to the comic market in Odaiba tomorrow.

明日、秋葉原のコスプレ・パーティーに行くよ。（とっさに思い付いて言うようなイメージ）
I'll go to the cosplay party in Akihabara tomorrow.

③ 電車の乗り換えでよく使う動詞が change と transfer です。どちらも意味は「乗り換える」ですが、transfer が比較的フォーマルな言葉なのに対し、change はカジュアルに聞こえます。道案内と同じく、電車の乗り換えや指示は命令形でも失礼になりません。

大阪駅で各駅停車に乗り換えてください。
Transfer to the local train at Osaka Station.

横浜まで東海道本線で行き、東横線に乗り換えてください。
Take the Tokaido Line to Yokohama and change to the Toyoko Line.

④ ★「～までに」と期限を表すなら、前置詞の by を使いましょう。by 3:00 で「3時までに」、by tomorrow で「明日までに」、by this time tomorrow で「明日の今ごろまでに」です。

⑤ 理由を表すなら、～ , so ...が便利。「～だから…」と、日本語と同じような感覚で使えます。on time で「時間通りに」です。

⑥ ★「～できるだろう」なら I'll be able to ～を使いましょう。×I'll can ～のように助動詞は二つ続けられないので、can と同じ「～できる」の意味がある be able to を will の後に続けます。

きみのパーティーに間に合うだろう。
I'll be able to make it to your party. ……… make it（間に合う）

Great! のように人に喜んでもらったり、お礼を言われたりしたら、何かしら返事をしましょう。定番表現の I'm glad I could help.（お役に立ててうれしいです）なら好感度も高く、誰からも喜ばれるはず。I'm glad I could ～で「～できてよかった」と喜びを表します。

お会いできてよかったです。（初対面の挨拶などで）
I'm glad I could meet you.

それを聞いて安心です。（いい知らせを聞いて）
I'm glad I could hear that.

最後は一言声をかけてから別れましょう。旅行中の観光客なら Have a nice day.（いい1日を）がオススメ。Good bye.（さようなら）の代わりに、Take care.（じゃあね）もよく使われます。

またね。
See you again.
♥ See you around. もほぼ同じ意味で使います。

楽しんでね。
Have fun.

COLUMN

数字の表現

会話の中の数字表現は重要です。時間表現など、日常的に使いこなしましょう。

●時間の表現
①ぴったりの時間なら「数字＋o'clock」、②ふつうに読むなら「時間＋分」、③「…時～分後（前）」なら「～分＋after(before)＋…時」、④「～分過ぎ（～分前）」なら「～分＋past(to)＋…時」などの言い方があります。

11:00	①eleven o'clock
11:15	②eleven fifteen　③quarter after eleven ④quarter past eleven
11:30	②eleven thirty　④half past eleven
11:45	②eleven forty-five　③quarter before twelve ④quarter to twelve

※quarterは1時間の4分の1＝15分、halfは1時間の半分＝30分です。また24時間での読み方はせず、午前ならam、午後ならpmをうしろに付けます（②～④の場合。例／11:15 am）。

●お金（大きい数字）の表現
大きい数字は「,（カンマ）」で区切って読むのがポイントです。

100（百）	one hundred
1,000（千）	one thousand
10,000（万）	ten thousand
100,000（十万）	one hundred thousand
1,000,000（百万）	one million
10,000,000（千万）	ten million
100,000,000（一億）	one hundred million
1,000,000,000（十億）	one billion
250	two hundred (and) fifty
25,000	twenty five thousand
250,000	two hundred (and) fifty thousand

●小数・分数の表現
小数点以下は数字を一つずつ読み上げます。分数の場合「分子（基数）＋分母（序数）」で、2/3のように分子が2以上の場合、分母は複数形です。

□42.195 ➡ forty two point one nine five
□2分の1 ➡ a half　□3分の1 ➡ a third　□3分の2 ➡ two thirds
□4分の1 ➡ a quarter　□5分の3 ➡ three fifths　□8分の1 ➡ an eighth

CHAPTER 1 街での出会い

電車で③ 席をゆずる

You can ～ で案内しよう

TRACK 7

体調の悪そうな人には、こんな声かけをしましょう！

J: You don't look well. <u>Are you okay?</u>①
気分が悪そうですね。大丈夫ですか？

F: Thanks. Actually <u>I have a slight fever.</u>②
ありがとう。実は少し熱があるんです。

J: <u>You can sit down here if you want.</u>③ Where are you getting off?
よかったらここに座ってください。どこの駅で降りるんですか？

F: Akihabara Station. <u>How many more stops is it?</u>④
秋葉原駅です。あと何駅ですか？

J: It's six more stops. The train is full, <u>so watch out for pickpockets.</u>⑤ Ah, my bag just hit you! Sorry!
あと6駅です。満員電車ですから、スリに気を付けて。あ、荷物がぶつかった！　すみません。

F: That's okay. The trains in Japan are really packed.
大丈夫です。日本の電車はものすごく混んでますね。

カタカナ英語クイズ Q8 ピーマンを英語で言うと？

① 体調が悪そうな人には、まず Are you okay?（大丈夫ですか？）と声をかけましょう。状況によって、次のようなフレーズも使えます。

どこか痛みますか？（体調不良の原因がわからないときに）
Are you in pain?

救急車を呼びましょうか？（かなり体調が悪そうな人に）
Shall I call an ambulance?

ambulance（救急車）

② ★ have a fever で「熱がある」となるように、have +症状で、体調不良を表すことができます。slight で「少し」と程度を表します。

喉が痛い。
I have a sore throat.

sore throat（喉の痛み）

♥ have a headache（頭が痛い）、have a stomachache（お腹が痛い）などもよく使います。

CHECK!!

③ You can ～で、「～できますよ」と相手が可能なことを案内するフレーズになります。You can sit here. なら「ここに座れます」と空席を教える言い回しに。さらに if you want を続ければ、「もしよかったら」とちょっとした気配りを見せることができます。

よかったら帽子をかぶったままでいいですよ。（室内で）
You can keep your hat on if you want.

④ ★目的地まであと何駅かをたずねるなら、How many (more) stops is it? です。stop =「停車場」で、more は省略できます。

⑤ watch out for ～で「～に気を付けて」と注意を促すフレーズに。習慣の異なる国の人には、禁止事項をあらかじめ伝えておきましょう。

写真は撮らないでください。（撮影禁止の場所で）
Please refrain from taking pictures.

展示品を触らないでください。（展覧会場などで）
Please don't touch the exhibits.

CHAPTER 1
街での出会い

エレベーターで 階数を聞く
序数を覚えよう

◀ TRACK 8

エレベーターでは、定番のやり取りがお約束！

J: Don't worry, there's room for one more.
   大丈夫、まだ乗れますよ。

F: Excuse me.
   失礼します。

J: Don't worry about it. What floor are you going to? I'll press the button.
   気にしないで。何階ですか？ ボタンを押しますよ。

F: The 32nd floor, please.
   32階をお願いします。

J: Here we are. Please.
   着きましたよ。（お先に）どうぞ。

F: Thank you. Bye.
   ありがとう。じゃあ。

カタカナ英語クイズ A8 green pepper

①エレベーターでまだスペースがあるなら、There's room for one more. (まだスペースがありますよ→まだ乗れますよ) と声をかけてあげましょう。否定文の There's no room for ～ (～のための余地がない) は、ビジネスなどでも非常によく使うフレーズです。

空いていますよ。(席やスペースが空いているときに)
There's room for you.

弁解の余地がない。
There's no room for excuses. …… excuse (弁解)

②相手に気をつかわせたくないなら、Don't worry about it. (気にしないで) の一言を。Don't worry. や No problem. (大丈夫です) だけでも OK です。

③「どの～へ行きますか?」と行き先をたずねるなら、What ～ are you going to? を使いましょう。

どちらの駅へ？
What station are you going to? …… 最後に、行き先を表す前置詞 to を付けるのを忘れずに！

CHECK!!

④「32階」は「32番目の階」と考え、32nd floor と表現します。「～番目」と言うときは one, two, three ... ではなく、first, second, third ... の序数を使い、4番目からは fourth, fifth, sixth, seventh ... と語尾に -th を付けます。「三つ目の信号」なら third stoplight、「5年生」なら fifth grade です。

⑤一緒にいる相手に「着きましたよ」と知らせるなら、Here we are. と we を使います。Here you are. なら、相手に「どうぞ」と物を手渡すときの定番表現となります。

⑥「(お先に) どうぞ」と道をゆずるときは、Please. の他に Go ahead. や After you. でも OK です。

CHAPTER 1 街での出会い

食の話題① そば屋のメニュー

複数の物の違いを表現する

◀ TRACK 9

和食を食べるときは、素材や料理法などを教えてあげよう!

F: **What's the difference between *zarusoba* and *morisoba*? And what's in *kitsune soba*?**
「ざるそば」と「もりそば」の違いはなんですか? あと「きつねそば」に入っている物はなんですか?

J: **One has *nori* on top and the other doesn't.** *Kitsune soba* **has fried *tofu* in it. *Kitsune* is Japanese for "fox".**
そばの上にノリがのっているか、いないかの違いです。きつねそばには油あげが入っています。*Kitsune* とは日本語で「狐」のことです。

F: Really? **Why is the *soba* named after an animal?**
本当? なぜそばに動物の名前が付けられているのですか?

J: **People say that fried *tofu* is a fox's favorite food.**
油あげが狐の好物だとされるからです。

F: **I've never heard that before.** That's interesting!
初めて聞きました。それは面白い!

J: **There's *udon* as well as *soba*. Choose whichever one you like.**
そばだけではなく、うどんもあります。好きなほうを選んでくださいね。

カタカナ英語クイズ Q9 フライドポテトを英語で言うと?

① ★「AとBの違いは何ですか?」と、二つの物の見分け方をたずねるなら What's the difference between A and B? です。

「そば」と「うどん」の違いはなんですか?
What's the difference between *soba* and *udon*?
❤日本語のまま使う単語を表記する場合、イタリック(斜体)にするとわかりやすいでしょう。

② ★「~には何が入っていますか?」と料理の素材などをたずねるなら、What's in ~? と、前置詞の in (~の中に)を使います。

CHECK!!

③「一方は~、他方は…」と複数の物の違いを説明するときは、One ~ and the other … のフレーズを使うと便利です。

一方にはお墓がありますが、他方にはありません。(お寺と神社の違いを説明して。この場合 one はお寺、the other は神社)
One has graves and the other doesn't.

grave (お墓)

④「~は日本語で…のことです」は、~ is Japanese for "…" に当てはめるといいでしょう。

Tanuki とは日本語で「たぬき」のことです。
Tanuki is Japanese for "raccoon dog."

raccoon dog (たぬき)

⑤ ★外国人観光客から Why is ~ named after …? (なぜ~は、…という名前が付けられているのですか?)と名前の由来をたずねられることもあるでしょう。name after … (…にちなんで命名する)を使って答えると、次のようになります。

「きつねそば」は狐にちなんだ名前が付けられています。
Kitsune soba is named after a fox.

私は有名な大名、織田信長にちなんだ名前が付けられています。
I'm named after a famous feudal lord, Nobunaga Oda.

CHAPTER 1　街での出会い　食の話題①　そば屋のメニュー

⑥「〜とされる」と人から聞いたことを伝えるなら、People say that 〜で始めましょう。この people は不特定多数の人々を指します。また「〜の好物」は〜 's favorite です。発音は「フェイヴァリット」となるので注意しましょう。

⑦★「初めて〜した」と初めての体験を伝えるときは、I've never + 過去分詞で表現します。I've never heard that before. は「初耳です」と驚くときの決まり文句です。

ここへ来たのは初めてです。
I've never been here before.

イクラを食べたのは初めてです。
I've never eaten *ikura* before.

⑧「B だけでなく A もある」と複数の物があることを教えるなら、There's A as well as B. が便利です。メニューを紹介する際、ぜひ使ってみてください。

ジュースだけでなくウーロン茶もあります。
There's oolong tea as well as juice.

⑨「好きなほうを選んで」と声をかけるなら Choose whichever one you like. を。相手に何かをすすめるときの決まり文句です。

どちらでもどうぞ。（好きなほうを取って、と言うときに）
Take whichever one you like.

便利な表現

《日本の食を紹介しよう！》
最近は、特にラーメンが世界的に大人気！ ちょっと難しいかもしれませんが、外国人にこんな説明ができると喜ばれます。

ラーメンのスープは店によって違います。
Each shop has a different broth.

broth
（スープ、だし）

ラーメンの麺(めん)の太さなども、店によって違います。
The thickness of the noodles is also different at every place. — thickness (太さ)

「つけめん」と「ラーメン」の違いは、スープの中に麺が入っているか、スープに麺を浸(ひた)して食べるかの違いです。
The difference between *tsukemen* and *ramen* is that *tsukemen* is served with the broth on the side and *ramen* is served in the broth.

「煮卵(にたまご)」とは、煮て味を付けたゆで卵です。
***Nitamago* is a flavored boiled egg.**

日本では、麺は音を立てて食べるのがふつうです。
It's normal to slurp when eating noodles in Japan. — slurp (音を立てて食べる)

麺類は、のびないうちに食べてください。
Eat the noodles before they get soggy. — soggy (ふやけた)

WORD BANK ― B級グルメの表現を覚えよう！

味付け卵 seasoned egg｜おろしニンニク garlic paste｜替(か)え玉 extra noodles｜餃子(ぎょうざ) gyoza dumplings｜しょうゆ（とんこつ・みそ）ラーメン soy sauce (pork / *miso*) ramen｜食券 meal ticket｜すりごま ground sesame seeds｜縮れ麺 curly noodles｜チャーハン fried rice｜トッピング topping｜B級グルメ everyday food｜太麺 thick noodles｜細麺 thin noodles

※和食の説明はコラム（P48-50）を参照してください。

POINT ― 世界が注目する日本の食

「ラーメン」（*ramen* で英語として通じます）はそもそも、明治時代以降に入ってきた中華(ちゅうか)そばがルーツとされます。しかし今や日本国内で独自の進化を遂(と)げ、中華そばとは明らかに異なる麺類として、世界中の人々を魅了(みりょう)しています。海外ではなんと1杯2000円近くても行列ができているとか!?「日本らしい食事をしたい」という旅行客は、ぜひ連れて行ってあげてください！ 病(や)みつきになること、間違いなしです。

CHAPTER 1
街での出会い

食の話題② 苦手な物を聞く

Is there 〜? で有無をたずねる　　◀ TRACK 10

飲食店に案内してお店の人との仲介役に挑戦！

J: **Is there anything I can help you with?** **Do you want me to explain the menu?**
何かお手伝いできることはありますか？　メニューを説明しましょうか？

F: That would be helpful! **Is there anything Muslims can eat?**
それは助かります！　ムスリムが食べられる物は何かありますか？

J: Ah, **there are things you can't eat, right?** What are they?
ああ、食べられない物があるんですね？　食べられない物は何ですか？

F: I can't have alcohol or pork. **It would be good if I could find a restaurant with Halal food.**
アルコールや豚肉がダメです。ハラル料理があるお店を見つけられるといいのですが……。

J: **I understand. I'll ask the staff if they have Halal food.**
わかりました。お店の人にハラル料理があるか聞いてみましょう。

F: Thank you.
ありがとうございます。

CHECK!!

① 相手に手助けが必要かを確認するなら、Is there anything I can help you with? がオススメ。Is there anything 〜 ? で「何か〜な物はありますか？」という親切な声かけになります。

他に食べてみたい物はありますか？（飲食店で）
Is there anything else you want to try?

try
（試しに食べてみる）

特に何か探している物はありますか？（買い物で）
Is there anything in particular you are looking for?

ウェーターに伝えてほしいことは何かありますか？（注文時に）
Is there anything you want me to tell the waiter?

② 「（私に）〜してほしいですか？」→「〜しましょうか？」と、相手の要望を聞くなら、Do you want me to 〜 ? がいいでしょう。

注文してあげましょうか？（飲食店で注文するとき）
Do you want me to order for you?

迎えに行きましょうか？（待ち合わせをするときに）
Do you want me to pick you up?

③ 宗教的な理由から、食のタブーがある場合もあります。Muslim とはイスラム教徒のことで、今や世界人口の約4分の1に達するといいます。外国人には、事前にこちらから Is there anything you can't eat?（食べられない物は何かありますか？）と聞いてあげるのも、おもてなしの一つ。アレルギーの有無や、好き嫌いを聞くときにも使えます。

嫌いな物は何かありますか？
Is there anything you don't like?

♥ hate（嫌い）はキツい言葉なので、not + like で「好きではない」と表現するのが一般的です。

④ There are 〜 you can't ... で「…できない〜がある」と相手にとっ

て不可能なことを表現します。

家に持ち帰れない物があります。（ホテルの備品などの説明で）
There are things you can't take home.

行けない場所があります。（観光できない場所などの説明で）
There are places you can't go.

⑤ 話の内容が正しいかを確認する簡単な言い回しが、~ , right? です。フレーズの最後に付ければ「〜ですよね?」と、念を押せます。

この近くに ATM があるんだよね?
There's an ATM near here, right?

⑥ ★「〜できるといいのですが」と願望を伝えるなら、It would be good if I could 〜です。仮定の話なので、助詞は would、could と過去形になります。文法を難しく感じたら、「深く考えず丸ごと覚える」のが一番。子供は、文法を知らなくても話せるようになりますよね? それと同じです。

また会えるといいですね。
It would be good if I could meet you again.

⑦「わかりました!」「了解です!」ときっぱり返事をするなら、I understand. がオススメ。 Absolutely. や Definitely. の1単語でも、「確かに（理解しました）」という気持ちのいい返事になります。

⑧ 観光客の代わりに何か質問するなら、I'll ask ... if 〜 （〜かどうか…に聞きましょう）のフレーズを使うといいでしょう。

店員にベジタリアン用の食事はあるか聞いてみましょう。
I'll ask the staff if they have vegetarian food.

豚肉なしにしてもらえるか、給仕に聞いてみましょう。
I'll ask the server if they can make it without pork.

便利な表現

《細やかな気づかいの表現》

飲食店に行くなら、ぜひ次のようなフレーズも覚えましょう。

食べられない物はありますか？
Are there any foods that you can't eat?

食べ物のアレルギーはありますか？
Do you have any food allergies?

> allergy（アレルギー）、発音は「アラジー」となるので注意！

注文は決まりましたか？
Are you ready to order?

> Are you ready to 〜？
> （〜の準備はできましたか？）

持ち帰りますか？
Would you like to take it with you?

WORD BANK　飲食店で使う表現を覚えよう！

喫煙席　smoking section｜急須　teapot｜禁煙席　non-smoking section｜現金　cash｜自由に飲食する　help oneself｜食べ放題　all-you-can-eat｜チップ　tip｜茶碗　cup｜注文する　order｜店内で飲食する　eat in｜箸　chopsticks｜箸置き　chopstick rest｜風味　flavor｜本日のオススメ　today's special｜持ち帰り用の　to go｜湯のみ　teacup｜予約　reservation

POINT　食のタブーにも気配りを！

外国人観光客を迎えるにあたり、一番の問題といえるのが「食のタブー」。宗教的な理由、アレルギー上の問題、好き嫌いなど人それぞれですが、特にイスラム教の決まりは細かいので注意が必要です（豚肉はもちろん、同じ油で揚げることすらNGです）。イスラム教徒が食べていい物をハラル（Halal）と呼び、イスラム教徒はハラル認証を受けた物しか口にしません。日本ではまだあまり理解されていませんが、ぜひ食のタブーにも目を向けましょう。

COLUMN

食事のメニューを説明しよう！

ユネスコの無形文化遺産にも登録された和食は、健康ブームの影響もあり世界中で大人気！ 今や*sushi*や*ramen*は、世界共通語と言っても過言ではありません。とはいえ中には*tempura*を知らない人もいるでしょうから、素材や調理法、味などを英語で説明すると喜ばれます。単語やフレーズを組み合わせて、和食の魅力を紹介しましょう！

●料理法の基本表現「過去分詞＋素材」

料理法を表す動詞の「過去分詞＋素材」で料理名になります。

（肉などを直火で）焼く　grill ➡「grilled＋素材」＝「焼き〜」
☐ grilled chicken（焼き鳥）　　☐ grilled fish（焼き魚）

♥「焼き鳥」は*yakitori*でも通じますが、料理法を付ければよりわかりやすくなります。

（パンなどをオーブンで）焼く　bake ➡「baked＋素材」＝「焼き〜」
☐ baked apple（焼きリンゴ）　　☐ baked chestnuts（焼き栗）

（肉などをオーブンで）焼く　roast ➡「roasted＋素材」＝「焼き〜」
☐ roasted beans（煎り豆）　　☐ roasted soybean flour（きな粉）

揚げる・炒める　fry ➡「fried＋素材」＝「揚げ〜・炒め〜」
☐ fried chicken（唐揚げ）　　☐ fried rice（チャーハン）

（熱湯で）煮る、ゆでる　boil ➡「boiled＋素材」＝「ゆで〜」
☐ boiled egg（ゆで卵）　　☐ boiled spinach（ほうれん草のおひたし）

（肉・果物をとろ火で長時間）煮込む　stew ➡「stewed＋素材」＝「煮〜」
☐ stewed tongue（タンシチュー）　　☐ stewed apples（煮たリンゴ）

（とろ火で）煮る　simmer ➡「simmered＋素材」＝「煮〜」
☐ simmered dish（煮物）　　☐ simmered black beans（黒豆）

蒸す、ふかす　steam ➡「steamed＋素材」＝「蒸し（ふかし）〜」
☐ steamed potatoes（ふかしイモ）　　☐ steamed bun（蒸しパン）

漬ける　pickle ➡「pickled＋素材」＝「漬け〜」
☐ pickled vegetables（漬物）　　☐ pickled scallion（らっきょう）

すりおろす　grate ➡「grated＋素材」=「〜おろし」
□ grated radish（大根おろし）　□ grated horse-radish（わさび）

●魚介類、寿司

> お寿司屋さんへ行くとき、覚えておくと便利ですよ！

□ あじ　horse mackerel　　□ いか　squid
□ イクラ　salmon roe　　　□ ウニ　sea urchin
□ たこ　octopus　　　　　 □ まぐろ　tuna
□ 回転寿司　conveyor-belt *sushi*　□ 寿司屋　*sushi* bar
□ カッパ巻き　cucumber roll　　□ かんぴょう巻き　gourd roll
□ 軍艦巻き　battleship *sushi*　　□ ガリ　pickled ginger

●日本語のままでOKな物

> すでに海外でも知られている和食は、ほぼ日本語のままで通じます。

□ うどん　*udon*　　□ そば　*soba*　　□ すきやき　*sukiyaki*
□ 刺身　*sashimi*　□ 天ぷら　*tempura*　□ ラーメン　*ramen*

●日本語＋α（アルファ）で表現できる物

> 日本語のまま *okonomiyaki* でもOKですが、一言英語を添えると、よりわかりやすくなります！

□ お好み焼き　*okonomiyaki* pancake
□ 餃子　*gyoza* dumplings
□ かまぼこ　*kamaboko* fish cake　　□ 冷奴　cold *tofu*
□ しゃぶしゃぶ　*shabu-shabu* meat　□ みそ汁　*miso* soup

●鍋物・丼物

> 「素材や特徴」にpotやbowlを加えて表現します。

鍋物　pot ➡「素材や特徴＋pot」=「〜鍋」
□ *sumo* wrestler hot pot（ちゃんこ鍋）　□ *tofu* hot pot（湯豆腐）
丼物　bowl (rice bowl dishes) ➡「素材や特徴＋bowl」=「〜丼」
□ beef bowl（牛丼）　□ chicken and egg rice bowl（親子丼）

●和菓子や覚えておくと便利な表現

> 和菓子は「〜cake」や「〜jelly」など、大胆(だいたん)に言い換えると外国人もイメージしやすくなります。

- □ まんじゅう　pastry filled with red bean paste
- □ ようかん　*yokan* bean jelly
- □ おはぎ　bean cake
- □ どら焼き　*dorayaki* pancake
- □ 割り箸　disposable chopsticks
- □ せんべい　*senbei* cracker
- □ 精進料理(しょうじん)　vegetarian cuisine
- □ 抹茶(まっちゃ)　*matcha* green tea
- □ 懐石料理(かいせき)　tea-ceremony dishes

●調味料の表現

> 日本独自の調味料は日本語のままでOK。より具体的に伝えるなら、bean paste（みそ）や sweet *sake*（みりん）のように特徴も表現してみましょう。

- □ みそ　*miso* / bean paste
- □ コショウ　pepper
- □ 塩　salt
- □ 砂糖　sugar
- □ 酢(す)　vinegar
- □ しょうゆ　soy sauce
- □ 七味唐辛子(とうがらし)　*shichimi* spice
- □ みりん　*mirin* / sweet *sake*
- □ ダシ　*dashi* / fish stock
- □ 原材料　basic ingredients
- □ 薬味　condiment

♥ 昆布(こんぶ)ダシなどは、soup stock made from seaweed と素材を教えるとイメージしやすいでしょう。

●味・食感の表現「It's＋形容詞」

> 味を表現するなら、「It's＋形容詞」でOK。「美味(おい)しかった」と過去のことを言うなら「It was＋形容詞」と過去形にしましょう。「とても」と強調するなら really を、「わずかに、少し」なら slightly を付けて表現するとネイティブっぽくなります。

- □ すごく美味しい　wonderful / excellent / great / fantastic
- □ 美味しい　delicious
- □ まあまあいい　good

- □ 辛(から)い　hot
- □ しょっぱい　salty
- □ もちもちした　chewy
- □ 甘(あま)い　sweet
- □ すっぱい　sour
- □ ふわふわした　fluffy
- □ （味が）濃(こ)い　heavy / strong
- □ かたい　hard
- □ （味が）薄(うす)い　light
- □ やわらかい　soft

英語を使うチャンスは
インターネット上にもたくさんある

Thayne's memo 1

　今はインターネットもあるし、英語を使う機会は探せばたくさんあります。SNSやSkypeを利用して、ネイティブと直接やりとりもできます。

　お金がかからずより手軽な方法は、インターネットサイトへの書き込みです。YouTubeなどを見て、感想を英語で書いてみるといいと思います。最初はThat's right.とかI agree.とあいづちを打ってみたり、好きな曲に対して、I love it!とかIt's good music!などとほめ言葉を書いてもいいでしょう。

　ほめてばかりだと返信が来ないことが多いので、何か自分と違う意見を持った相手を見つけて反論してもいいかもしれません。日本について解説している英語サイトは内容を間違えていることも多いので、そこに意見を書き込んでもいいでしょう。ときには相手からすごい言葉で攻撃されることもあるでしょうが、それもいい経験です。めげずに、どんどんトライしましょう！

　浅草などの観光地に出かけ、外国人観光客に「英語を勉強したいので、案内させてください」と声をかけてみてもいいですよね。No.と断られることもありますが（私はネイティブですが、道案内をよく断られます）、そんなことでめげないで！　助けを借りずに自分の力で観光したい人もいるし、だまされるんじゃないかと警戒する人もいます。気楽に声をかけてください。

　外国人に話しかけるときは、「大きな声＆スマイル」で、まずは相手を安心させてあげましょう。そうすれば、きっと心を開いていろいろと話してくれるはずです。

CHAPTER 1
街での出会い

旅の話題① 滞在期間を聞く
I'd like to 〜 で要望を伝える

◀ TRACK 11

偶然出会った観光客に話しかければ、英語の練習になります！

J: Hello, where are you from?
　こんにちは、どちらからいらしたのですか？

F: I'm from California in the US. It's my first time in Japan.
　アメリカのカリフォルニアから来ました。日本は初めてなんです。

J: Wow, cool. How long are you staying?
　へえ、いいですね。滞在期間はどれくらいですか？

F: Two weeks. I'm staying at a hotel now, but I'd like to try staying at a *ryokan*. Do you know a good *ryokan*?
　2週間です。今はホテルに泊まっていますが、できたら旅館に泊まってみたくて。どこかいい旅館を知っていますか？

J: Do you want to stay at one with a hot spring, or a cheap one?
　温泉付きの宿がいいですか？　それとも値段の安いところがいいですか？

F: I'd like to stay at the cheapest place.
　できるだけ安い宿に泊まりたいです。

① 「出身地」をたずねる Where are you from? は、「国籍」や「現在の居住地」を聞くときにも使えます。どの意味かは状況から判断するしかありませんが、日本語の「どちらからいらしたのですか？」も三つの意味に取れるので、同様に考えるといいでしょう。

Where are you from? と聞かれたら、②のように I'm from California.（カリフォルニアから来た）などと答えるのが一般的ですが、これもカリフォルニアが「出身地」なのか「現在の居住地」なのかは、はっきりしません。もし具体的に聞くのであれば、

お住まいはどちらですか？（現在の居住地をたずねて）
Where do you live?

国籍はどちらですか？
What is your nationality?

nationality
（国籍）

などとたずねることもできます。しかし、そう親しくもない人に根掘り葉掘り聞くのも失礼ですから、初対面の人には Where are you from? と曖昧にたずねるのが自然です。

③ ★「〜は初めてです」と初めての訪問を伝えるなら、It's my first time 〜です。回数を言うので、数字は序数を使います。

海外は初めてです。
It's my first time overseas.

overseas
（海外）

「〜するのは今回が初めてです」と表現するなら、This is my first time 〜と言いましょう。time の後の動詞は現在進行形です。

コスプレするのは今回が初めてです。
This is my first time doing cosplay.

cosplay
（コスプレ）

④ 滞在期間をたずねるなら、How long are you staying? です。How long + 現在進行形の疑問文？で「どれくらい〜するつもりですか？」と予定している時間を確認できます。

どれくらい北海道に滞在する予定ですか？
How long are you planning to stay in Hokkaido?

どれくらい東京にいる予定ですか？
How long are you going to be in Tokyo?
♥ be going to ～があるので「どれくらい～する予定ですか?」となります。

どれくらい歩きたいですか？
How long are you willing to walk?

CHECK!!

⑤ ★「(ぜひ) ～したい」と要望を伝えるなら、I'd like to ～を使いましょう。I want to ～より丁寧かつ「ぜひ」という気持ちの込もった表現になります。

姫路城に行きたいのですが。(観光したい場所を伝えるときに)
I'd like to go to Himeji Castle.

この IC カードをどう使うかお見せします。(自慢の物を紹介するとき)
I'd like to show you how to use this IC card.

⑥「～したいですか?」と気軽に聞くなら、現在形の疑問文 Do you want to ～? で OK です。ただし、もし丁寧に相手の要望をたずねるなら、would like to ～を使い Would you like to ～? がいいでしょう。

お昼を一緒にどうですか？(ランチに誘うとき)
Do you want to have lunch with me?

便利な表現

《Where で始まるフレーズ！》
旅先で出会った人には、Where (どこ) で始めるフレーズで話しかけましょう。具体的な質問だと、相手も答えやすいですよ。

どこへ行こうとしていますか？(目的地を聞こうとして)
Where are you trying to go?

どちらに滞在していますか？(宿泊先をたずねて)
Where are you staying?

次はどこを訪問しますか？（次の訪問地をたずねて）
Where are you visiting next?
♥ 現在進行形でも、next のような語が付くと未来形のニュアンスになります。

《What do you want to ～？で要望を聞く》
「何を～したいですか?」と要望をたずねるなら、What do you want to ～？です。観光客を案内するときの必須フレーズですね！

何を見たいですか？（観光目的をたずねるときに）
What do you want to see?

何を買いたいですか？（買い物に行くときに）
What do you want to buy?

《How many ～？（いくつ～ですか?）で数を聞く》

何名さまですか？（同行者の人数をたずねるときに）
How many people are you with?

WORD BANK 旅行で使う表現を覚えよう！①

貸切席　reserved seat｜貸切列車　reserved train｜借りきる　charter｜観光案内所　tourist bureau / tourist information center｜観光案内パンフレット　sightseeing brochure｜観光ガイド　tour guide｜観光地　tourist destination｜観光バス　sightseeing/tourist bus｜空席　seat available｜空席待ちの乗客　standby passenger｜温泉　hot spring / spa｜施設・設備　facilities（複数形で）

POINT プライベートな質問は控えよう！

日本人は悪気なく「結婚は？」「おいくつですか？」「お子さんは？」という質問をしますが、欧米人へのプライベートな質問は控えるべきです。どうしても知りたければ、よほど親しくなってから、失礼のないように聞きましょう。あまりしつこく聞くと、セクハラにとられる可能性もあります。場合によって、What is your nationality? などと国籍をたずねられることを失礼に感じる人もいます。「程よい距離のおもてなし」を常に心がけましょう。

CHAPTER 1
街での出会い

旅の話題② 観光の予定を聞く
現在完了形で経験を伝える　　🔊 TRACK 12

電車で乗り合わせた観光客に話しかけてみよう!

F: Excuse me, is this seat taken?
すみません、この席は空いていますか?

J: No, it's free. Are you sightseeing?
ええ、空いていますよ。観光ですか?

F: That's right. It's my third time in Japan, but I've never been to Kyoto before.
そうなんです。日本は3回目ですが、京都には行ったことがなくて。

J: What do you plan to do in Kyoto?
京都ではどんな予定を?

F: I'm going to see the World Heritage Sites like Shimogamo Shrine. Kyoto has a lot of them.
下鴨神社などの世界遺産を見る予定です。京都にはたくさん世界遺産があるんですね。

J: Yes, Kyoto is a world-famous destination.
ええ、京都は世界的に有名な観光地ですから。

カタカナ英語クイズ Q13 シャーペンを英語で言うと?

① ★「この席は空いていますか？」と空席かどうかを確認するなら、Is this seat taken? が決まり文句です。ただし be taken と受動態のため、直訳すると「この席はふさがっていますか？」となります。
そのため、返事は「空いている」なら、No.（ふさがっていない→空いています）と答えましょう。同じような意味のフレーズ Do you mind if I sit here?（ここに座ってもよろしいですか？）も、動詞に mind（気にする）を使っているので同様の答え方になります。No. と答えたら、その後に Go ahead.（どうぞ）や Help yourself.（どうぞご自由に）などを続ければ完璧です。
一方、すでに誰かいるなら Yes.（ふさがっています→席に人がいます）と答え、Sorry, it's taken.（ごめんなさい、ふさがっています）などと断ればいいでしょう。日本人がよく間違える質問ですから、注意してください。ちなみに次に紹介するものは、Yes/No を「ふつうに」答えればいいものです。

ここに座ってもいい？
Can I sit here?

この席は空いていますか？
Is this seat available/free? ……………… available（利用できる）

② sightseeing は、sightsee という動詞が元になっているのはご存じですか？ 過去形や過去分詞形ではまず使わない特殊な動詞で、よく go sightseeing（観光旅行をする）の形で使います。
また、初対面の外国人には Are you ～ ing?（～をしているのですか？）と現在進行形で話しかけるのがオススメ！ これなら自然に会話を始められます。Are you sightseeing?（観光ですか？）の他、次のようなフレーズも会話のきっかけになります。

旅行中ですか？（大きな荷物を持っているような人に）
Are you traveling?

楽しんでいますか？（楽しく何かをしている人に）
Are you having fun?

出発するのですか？（出かけようとしている人に）
Are you leaving?

③ ★「〜回目」と回数を言うときは序数を使います。2回目なら second time、4回目なら fourth time です。

CHECK!!

④ ★「〜したことがある」と過去から現在まで続く経験を伝えるなら、現在完了形を使いましょう。否定形は I've never been to 〜 (before). で「(今まで) 〜へ行ったことがない」となります。
中学生がよく間違える現在完了形の使い方に、has/have been to （行ったことがある）と has/have gone to （行ってしまった）がありますが、違いを比較すると次のようになります。

あなたは広島へ行ったことがある。
You've been to Hiroshima.

has/have been to 〜
(〜へ行ったことがある) →経験を表す。

♥旅の経験をたずねるなら、has/have been to を使いましょう。

あなたは広島へ行ってしまった。（今はここにいない）
You've gone to Hiroshima.

has/have gone to 〜
(〜へ行ってしまい、今はここにいない)
→結果を表す。

⑤ 旅先での予定を聞くなら、What do you plan to do in 〜 ?（〜でどんな計画を立てていますか?）です。What are you planning to do in 〜 ?と現在進行形で表現しても同じ意味になりますし、シンプルに未来形を使い What will you do in Kyoto?（京都で何をしますか?）でもいいでしょう。

⑥ 予定を伝えるなら、be going to +動詞（〜する予定です）を使いましょう。学校で「will と be going to は書き換えられる」と習ったかもしれませんが、実際のニュアンスは少し違います。P33 でも説明したように、I'll 〜が「とっさの思い付き」を表す一方、be going to 〜は「あらかじめ決まっている予定」に対して使います。

東京から京都まで新幹線に乗るよ。
I'll take the *Shinkansen* from Tokyo to Kyoto.
♥とっさに思い付いたことを伝えるときに。

東京から京都まで新幹線に乗る予定です。
I'm going to take the *Shinkansen* from Tokyo to Kyoto.
♥前もって決まっている予定を伝えるときに。

便利な表現

《経験をたずねる》

「経験があるかどうか」を聞くなら、現在完了形の疑問文です。Have you (ever) + 過去分詞？（[今までに] 〜をしたことがありますか？）で、さまざまな経験をたずねてみましょう。

今までに雪を見たことがありますか？
Have you ever seen snow?
♥初体験かどうかをたずねるなら、ever を使いましょう。

WORD BANK　旅行で使う表現を覚えよう！②

宿泊費　hotel expenses｜乗客　passenger｜滞在客　guest｜滞在する stay｜宅配便　parcel delivery service｜団体　group｜団体行動　group behavior｜手荷物ロッカー　baggage locker｜荷札　baggage tag｜荷物　baggage｜通訳(訳)　interpreter｜翻訳　translation｜入場料　admission fee｜目的地　destination｜リゾート地　resort area｜旅行客　traveler｜訪問する　visit

POINT　Yes と No に気を付けよう！

日本語は質問に対して「はい」か「いいえ」を答えますが、英語は事実に対して Yes. か No. かを答えます。たとえば Aren't you tired?（疲れていないの?）と聞かれ、「疲れていない」なら日本語では「はい（疲れていません）」ですが、英語では No.（いいえ [疲れていません]）と答えます。Aren't や Don't で始まる否定表現や、Do you mind 〜 ?（〜を気にしますか?）のような動詞には要注意です。

CHAPTER 1 街での出会い

旅の話題③　観光のオススメ

Maybe you should 〜 で気軽にアドバイス

◀ TRACK 13

予定を聞き、オススメの観光地を提案してみよう！

J: **How many nights will you stay in Kyoto?**
京都には何泊する予定ですか？

F: Three nights. But **I still haven't decided** on a hotel.
3泊です。でもまだホテルを決めていなくて。

J: Then **maybe you should ask** the Tourist Information Center at the station. By the way, are you going to see the Kyoto Imperial Palace?
それなら駅の観光案内所で聞くといいかもしれません。ところで京都御所には行きますか？

F: I wasn't going to, but **do you recommend it?**
予定していませんが、オススメですか？

J: It's open to the public right now, so you can go inside. It's not usually open, so **you should definitely go.**
ちょうど今なら一般公開をしているので、中に入れます。普段は公開していないので、ぜひ行ったほうがいいですよ。

F: That sounds great. Thanks!
それはいいですね。ありがとう！

① 数を確認するなら How many ～? (どれくらい～ですか？) を使ってたずねます。宿泊数を表す「～泊」は night を使って表し、2泊以上なら～ nights と複数形にしましょう。観光案内では、正確な数を伝えることが大事ですから、あわせて数を確認するさまざまな表現を覚えておきましょう。

ベッドはいくつ必要ですか？（宿泊先を予約するときに）
How many beds do you need?

何名さまですか？（同行者の人数を確認するときに）
How many people are you with?

フォークは何本必要ですか？（箸が使えない人のために）
How many forks do you need?

② ★おそらく学校で、現在完了形の「まだ～していない」という表現は I haven't + 過去完了形 + yet の形で習ったと思います。しかしネイティブが「まだ」を強調する場合、I still haven't + 過去完了形をよく使います。
I haven't + 過去完了形 + yet が「まだ～していない」という客観的な事実を述べるのに対し、I still haven't + 過去完了形は「まだ～していないんだよ」という主観の込もった表現になるため、会話では非常によく使われます。

まだ顔も洗ってないんだよ。（遅刻の言い訳に）
I still haven't washed my face.

探し物がまだ見つからないんだよ。（人を待たせているときに）
I still haven't found what I'm looking for.

yet は語尾に付きますが、still は主語の後です。語順に注意しましょう。

CHECK!!

③「～するといいかもね」「～するといいかもしれません」とアドバイスするなら、Maybe you should ～がオススメ！ You should ～を

「あなたは〜すべきです」という堅い表現だと思っている人が多いようですが、実は気軽なアドバイスに使うフレーズです。Maybe you should 〜とすれば、「多分 (maybe)」という曖昧なニュアンスもプラスされるので、より使いやすくなります。観光案内では非常によく使いますから、ぜひマスターしてください。

あそこの交番で聞くといいかもしれません。
Maybe you should ask at the police box over there.

ホテルのロビーで英語の路線図をもらうといいかもね。
Maybe you should get an English train map from the hotel lobby.

「ぜひ〜するといいですよ」と強調するなら、⑤のように definitely を使いましょう。オススメの気持ちが伝わるはずです。

ぜひ着物を着てみるといいですよ。
You should definitely try on a kimono.

ぜひこのアニメを見るといいですよ。
You should definitely watch this anime.

---

④ ★「〜はオススメですか?」とオススメの物を聞くなら、Do you recommend 〜 ? です。recommend（すすめる、推薦する）は「おもてなし」に必須の単語で、What do you recommend?（オススメは何ですか？）は特によく使いますから、ぜひ覚えてください。

どちらがオススメですか？（複数の中から選ぶときに）
Which one do you recommend?

どこがオススメですか？（場所を聞くときに）
Where do you recommend?
♥ When do you recommend? なら「いつがオススメですか？」となります。

オススメはありますか？
Do you have any recommendations?
♥ そもそもオススメがあるかどうかを聞くなら、名詞の recommendation（オススメ）を使いましょう。

便利な表現

《相手の予定をたずねよう!》

「〜するつもりですか?」と予定をたずねるなら、be going to 〜を疑問形にした Are you going to + 動詞 ? を使いましょう。be going to 〜は、予定を立ててはいるものの、特に具体的な準備はしていないときに使うフレーズです。以下のフレーズからも、そのニュアンスが感じとれると思います。

新幹線に乗ってみるつもりですか?

Are you going to ride the bullet train?

♥「新幹線」は *Shinkansen* でも bullet train でも OK です。

どこか美術館に行くつもりですか?

Are you going to any museums?

お茶を経験してみるつもりですか?

Are you going to attend a tea ceremony?

WORD BANK 日本の観光地を説明しよう!

外観、特徴 feature | 外国人観光客 foreign visitor | 観光スポット sightseeing spot | 御苑 Imperial Garden | 景色 scenery | 公園 park | 皇居 Imperial Palace | 自然 nature | 城址 castle ruin | 象徴 symbol | 城 castle | 独特の distinctive | 日本庭園 Japanese-style garden | 雰囲気 atmosphere | 保存する protect | 濠 moat | 歴史 history | 歴史的な〜 historical〜

POINT 目の前の人に You でも失礼じゃない!?

英会話の生徒に「英語ではずいぶん You を使うんですね」と言われ、気が付いたことがあります。日本語では、目の前の相手に「あなた」なんてまず言いませんが、英語では Are you 〜?、You can 〜、You should 〜と、会話ではほぼ間違いなく You を使います。なぜでしょう? それは「英語は主語が必要な言葉」だから。相手に向かって自然と You が言えるようになれば、あなたの英語力も UP します!

CHAPTER 1 街での出会い

軽い話題① 日本の印象を聞く
How is/are 〜？で感想を聞く ◀ TRACK 14

相手の意見や感想を聞き出す表現を覚えよう！

J: <u>How many days have you been in Japan?</u>①
日本は何日目ですか？

F: Today is my <u>fourth day</u>②, so <u>I have three days left after this.</u>③
今日で4日目ですから、残りはあと3日です。

J: So what do you think? <u>Are you having fun?</u>④
（日本は）どうですか？ 楽しんでますか？

F: Yes, <u>definitely</u>⑤! It's not just sightseeing, shopping is fun too.
ええ、とても！ 観光だけでなく、買い物も楽しいですね。

J: <u>How are the prices compared to the US?</u>⑥
アメリカと比べて物価はどうですか？

F: <u>They're cheaper than I expected.</u>⑦ <u>I was excited by</u>⑧ the 100-yen shop.
思っていたより安いです。100円ショップに感激しましたよ。

① ただ単純に「〜は何回目ですか?」とたずねるなら How many＋疑問文？ですが、「〜して何回目ですか?」とある程度の期間、続いていることをたずねるなら How many 〜＋現在完了形の疑問文？を使いましょう。どの程度の経験があるかを聞くのに役立ちます。

日本に来たのは何回目ですか？（何度目の来日かをたずねて）
How many times have you come to Japan?

ここは何泊目ですか？（滞在日数をたずねて）
How many nights have you stayed here?

② ★「〜日目」は「〜番目の日」と考え、序数を使って表しましょう。「最後」なら last を、「最初」なら first を使って表現します。

師走は1年の最後の月のことです。（日本の月の読み方を教えて）
Shiwasu is the last month of the year.

今日という日は残りの人生の最初の日だ。（チャールズ・ディードリッヒの言葉）
Today is the first day of the rest of your life.

③「残りはあと〜日だ」は「この後〜日残されている」と考え、have 〜 days left after this です。このフレーズで、I have 10,000 yen left after shopping.（買い物をして残りはあと1万円だ）のように現在の所持金も表現できます。

④ Are you having fun?（楽しんでいますか?）と同じような意味合いで、Are you having a good time? も使えます。
ちなみにレストランなどで What are you having? と聞けば、「何にする？（何を食べる／飲む?）」という意味に。What are you having for lunch?（昼食に何を食べる?）などの for 以下を省略した言い方だと考えられます。注文をするときは、このフレーズでも OK です。

⑤ definitely で「絶対に、確かに」なので、Yes, definitely. で「はい、確かに」と Yes を強調する言い方になります。Definitely. や

Certainly.、Absolutely. の1単語だけでも、同様の意味合いになります。

CHECK!!

⑥「〜はどうですか?」と程度や様子をたずねるなら、How is/are 〜? がオススメ! 相手がどう思うか、感想を聞くのに便利です。

ホテルはどうですか?(滞在中のホテルの感想を聞いて)
How is your hotel?

布団で寝るのはどうですか?(布団の感想を聞いて)
How is sleeping on a *futon*?

アメリカのお寿司はどうですか?(相手の国の物の感想を聞いて)
How is the *sushi* in the US?

イギリスの公共交通機関と比べてどうですか?(相手の国の物と比較して)
How is the public transportation compared to the UK?

compared to 〜
(〜と比較して)

⑦比較級+than I expected で「思っていたより〜だ」と、あらかじめの予想とは異なっていたことを伝えられます。

おはぎは思っていたより美味しかった。
Ohagi tastes much better than I expected.

室料は思っていたより高かった。
The room price is much higher than I expected.

⑧★ be excited by 〜で「〜に感激する、〜に興奮する」となり、喜びの感情を伝えるときに使います。

相撲に興奮した。
I was excited by the *sumo*.

富士山を見てとても感動した。
I was so excited to see Mt. Fuji.

♥ be excited to 〜なら「〜して感動する」となります。

便利な表現

《日本の感想を聞こう！》
会話が弾(はず)んできたら、日本の感想を聞いてみましょう。具体的なコメントを聞くなら、How 〜? でたずねるといいでしょう。

日本のことはよくご存じですか？
Do you know a lot about Japan?

生の魚はどうですか？
How do you like raw fish?

公衆浴場はどうですか？
How do you feel about public baths?

ここの気候はどうですか？
How do you like the weather here?

WORD BANK　感想を伝えるための表現を覚えよう！

印象 impression | 驚く be surprised / be astonished | 思い出す remember | 思い出 memory | 感動する be moved / be impressed | 心づかい considerate | 混んでいる crowded | 説明する explain | 〜を楽しみにする look forward to〜 | 〜に興味がある be interested in〜 | 人気がある popular | 不思議に思う wonder | 便利 convenient | わくわくする get excited

POINT　四季があるのは日本だけじゃない?!

時々、We have four seasons in Japan.（日本には四季があります）と耳にしますが、その言葉に私は違和感を覚えます。なぜなら、他の国にも四季はあるからです。ただ日本のようにほぼきちんと3カ月ずつ景色が変わり、冬は雪、春は桜、夏は海、秋は紅葉……と季節ごとの風物詩がある国は珍(めずら)しいようです。とはいえ、相手によっては「四季自慢」が通用しないことを、ぜひ覚えておいてください。

CHAPTER 1
街での出会い

軽い話題② 今日の天気
天気の表現を身に付けよう　　◀ TRACK 15

会話のきっかけに天気の話題はうってつけ！

F: Good morning. <u>The weather is nice today.</u>
おはようございます。今日はいい天気ですね。

J: Good morning. But <u>according to</u> the weather report, it will rain in the afternoon. <u>A typhoon is approaching.</u>
おはようございます。でも天気予報によると、午後から雨が降るみたいです。今、台風が近づいているんです。

F: Really? <u>Does Japan have a lot of typhoons?</u>
そうなんですか？　日本には台風がたくさん来るんですか？

J: Yes, particularly in fall. Do you have an umbrella?
ええ、特に秋は多いですね。傘は持っていますか？

F: No, I don't. Where can I buy one?
いいえ、ありません。どこで買えますか？

J: You can buy one at the convenience store over there. You should definitely take one when you go out.
あそこのコンビニで買えますよ。出かけるときは絶対に傘を持って行ったほうがいいですよ。

カタカナ英語クイズ　Q16　ペットボトルを英語で言うと？

> **CHECK!!**

① 天気の表現の仕方はさまざまです。「天気は〜です」ときちんと主語をいうなら The weather is 〜ですが、次のような表現もよく使われます（P70-71 参照）。

今日は晴れです。
It's sunny today. ……………… It's ＋形容詞＋ today.
It's a sunny day today. …… It's ＋名詞 (a ＋形容詞＋ day)＋ today.
We have a sunny day today. ……… We have ＋名詞 (a ＋形容詞＋ day)＋ today.

今日はいい天気ですよね？
It's sunny today, isn't it? ………… It's ＋形容詞＋ today, isn't it?
♥名詞の一部として形容詞（sunny）を使う場合は、冠詞の a が必要です。また「〜ですよね？」と相手に同意を求めるなら、付加疑問文の isn't it? を最後に付けましょう。

② 「〜によると」と伝聞を言うなら、According to 〜がオススメ。According to the weather report で「天気予報によると」です。

ニュースによると、あの地域で大きなお祭りがあるそうだ。
According to the news, that area is having a big festival.

③ A typhoon is approaching. と聞くと「生き物ではない台風に現在進行形は使えるの？」と戸惑う英語初心者もいるようです。しかし生き物ではない主語（無生物主語）に現在進行形を使うとイキイキした表現になるため、ネイティブは非常によく使います。この文も「台風が（まさに今）近づいている」とリアルなニュアンスになります。

ハリケーンが今夜やってくる。
A hurricane is coming tonight.

④ ★「日本には〜がありますか？」と聞くなら、Does Japan have 〜？と国名を主語にしてたずねることもできます。

カナダには地震がありますか？
Does Canada have earthquakes?

COLUMN

天気に関する表現

万国共通の会話のきっかけが、天気の話題です。観光客に天気の情報はうれしいもの。「おもてなし」の一つとして、ぜひ積極的に話しかけてください！

●「It's+天気（体感）を表す語」を使いこなそう！

> 天気を表現する一番簡単なフレーズが「It's+天気を表す語」（〜な天気です）で、「〜」には形容詞や名詞が入ります。

※★★がもっとも一般的な表現で、★が一般的なもの、それ以外の表現は状況に応じて使い分けましょう。

晴れの表現
- ★★sunny（晴れた）
- ★★clear（雲一つない快晴）
- ★fair（澄み切った）
- ★nice（快い）
- ★balmy（爽やかな）
- ★fine（適度にいい）
- | wonderful（素晴らしい）
- | calm（穏やかな）
- ↓ comfortable（心地よい）

曇りの表現
- ★★cloudy（曇った）
- gloomy（どんよりした）

雨の表現
- ★★rainy（雨の）
- ★a downpour（土砂降り）
- ★pouring（激しい雨の降る）
- | drizzly（霧雨の降る）
- ↓ showery（にわか雨の）

♥partlyには「ところにより」という意味があり、partly cloudyで「ところにより曇り」、partly sunnyで「ところにより晴れ」です。(have) heavy rain「雨がひどく降る」や(have) light rain「少し雨が降る」もよく使います。

雪やひょう、みぞれの表現
- ★snowy（雪の）
- | hailing（ひょうが降る）
- ↓ sleety（みぞれの降る）

霧の表現
- ★foggy（霧の立ち込めた）
- misty（霧の深い）

風の表現
- ★★windy（風の強い）
- ★breezy（そよ風の吹く）
- blowy（風の強い）

嵐の表現
- ★★stormy（嵐の・暴風の）
- | raging（荒れ狂う）
- ↓ thundery（雷鳴のする）

湿度の表現
★★humid（むしむしする）
 ★steamy（湿気でもうもうとした）
 ★muggy（ジメジメ蒸し暑い）
 | damp（ジメジメした）
 ↓ clammy（ベトベトする）

暑さの表現
★★warm（暖かい）
★★hot（暑い）
 ★scorching（焼け付くような）
 | humid（蒸し暑い）
 ↓ boiling（うだるような）

寒さの表現
★★cold（寒い）
 ★freezing（凍えるような）
 ★chilly（冷え冷えする）
 | frosty（霜の降りる）
 | nippy（身を切るような）
 ↓ icy（とても冷たい）

●暑さ寒さや四季について言ってみよう！

春の日光は暖かくて気持ちがいい。
The sunshine in the spring feels nice and warm.

雨が毎日降る6月のことを梅雨と呼びます。
Rainy season, which comes every June, is called *tsuyu*.

地球温暖化で、ここ数年、日本の夏はとても暑い。
With global warming, summers in Japan have been really hot in the last few years.

屋外は焼け付くような暑さですから、日傘をさすといいですよ。
It's burning hot outside, so you might need a parasol.

焼け付くような暑さの日は、熱中症にならないよう気を付けて。
On scorching days, be careful not to get heat stroke.

秋は天気のいい日が多いので、観光にはぴったりです。
Autumn weather is mostly nice, so it's a great time for sightseeing.

今日は冷えるから、上着を着ないと。
It will be chilly today, so you'll need to wear a jacket.

このところ、凍えるように寒い日が続いています。
We've had several days now of freezing winter weather.

Thayne's memo 2

会話はキャッチボール
「二言以上で返す」くせを付けよう!

　英語でだとなかなか会話が続かない……という方も多いと思います。たとえば、Do you like coffee? と聞かれても、Yes. と答えた後、どう続けていいかわからないことはありませんか? 本当はもっと話したいのに、どうしてもそっけない感じになってしまいます。それでは相手からも「話したくないのかな?」と思われてしまうかもしれません。

　日本語でも「コーヒーは好きですか?」と聞かれて「はい」だけで終わってしまうのはつまらないですよね。ふつうは「はい」の後に何か一言付け足して、会話のキャッチボールをするものです。同じように英語でも、Yes, I like black coffee. など、何でもいいから二言以上で答えるくせを付けるといいと思います。

　もう一つ、質問上手になれるといいですね。たとえば、相手の質問に答えた後に、How about you?（あなたはどうですか?）と聞き返してみる。こんな質問なら比較的簡単にできますよね。これは相手の質問に対して二言目が見つからない場合にも便利です。

　また、相手の話している内容がよくわからないときは、話のキーワードを見つけて聞き返すといいでしょう。たとえば Disneyland という言葉だけ聞き取れたら、Disneyland? と語尾を上げて言ってみる。するとその部分に関して、言葉を重ねて説明してくれるでしょう。

　何か重要な話が聞き取れないなら I'm sorry? や I didn't catch that. と聞き返して内容をつかむ努力も必要です。根気よく理解しようとする姿勢が、お互いの距離を縮めます。

CHAPTER 2
友人との観光

外国人と友達になれる機会があったらラッキー!
一緒に観光するなら、こんな英語が役立ちます。
オススメのお土産も教えてあげたい!
美しい風景をともに眺めれば、
言葉の壁を越えて打ち解けられるかもしれませんね。

出迎え 友人との再会

久しぶりなら How have you been? ◀ TRACK 16

まずは基本となる定番表現でのやり取りをマスターしよう！

F: Hey, long time no see! How have you been?
やあ、久しぶり！　どうしてた？

J: It's been a while. I'm good. How're you doing?
久しぶりね。元気です。あなたは？

F: I'm doing great. It's been five years, but you haven't changed a bit.
バッチリです。5年ぶりなのに、全然変わってませんね。

J: Is this all of your luggage? You must be tired from traveling. Let me help you carry them.
荷物はこれで全部？　長旅で疲れてますよね。運ぶのを手伝います。

F: Thanks. Could you take this suitcase?
ありがとう。このスーツケースを持っていってくれますか？

J: Sure. I came here by car, so let's head to the parking lot.
もちろん。車でここへ来たから、駐車場に行きましょう。

> **CHECK!!**

① 定番の挨拶フレーズを覚えましょう。久しぶりに会う人には、まず Long time no see.（久しぶり）と声をかけ、How have you been?（どうしてた？）とたずねるのがお約束。最後に会ったときから現在まで、しばらく会わなかった時間を現在完了形で表現します。返事は、やはり現在完了形の It's been a while.（久しぶり）や、次のようなフレーズがいいでしょう。

元気にやってるよ。

I've been great. ……………………………………… 現在完了形
I've been doing well. ………… 現在完了進行形、do well（うまくいく）
I've been doing great. ……………………………… 現在完了進行形

♥ニュアンスの違いはわずかで、現在完了形なら「（ずっと）〜している」、現在完了進行形なら「（ずっと）〜し続けている」となり、現在完了進行形のほうがやや大げさな表現になります。

② 学校で習うもっとも一般的な挨拶は How are you? ですが、これは「お元気ですか？」「こんにちは」に近い、やや堅苦しい表現です。代わりにネイティブがよく使うのが②の How're you doing? で、これなら「元気？」「どう？」というカジュアルな挨拶になります。
元気だと答えるなら、I'm good. でもいいですし、もっと元気よく「バッチリだよ」なら③の I'm doing great. もオススメ。現在進行形なので、今のリアルな状態を伝えられます。

④「〜に違いない」「〜だよね」と断定的なニュアンスを出すなら、You must+動詞を使いましょう。助動詞の must は「〜に違いない」という、強い確信を表します。

お腹が空いているよね。

You must be hungry.

和食に飽きているよね。

You must be tired of Japanese food. ………… be tired of〜（〜に飽きる）

⑤ Let me help. で決まり文句の「手伝わせて」なので、相手に「〜するのを手伝わせて」と申し出るなら、Let me help you 〜のフレーズを使いましょう。you の後には動詞の原形が続きます。

部屋を掃除するのを手伝わせて。
Let me help you clean your room.

⑥ ★「〜を持っていってくれますか?」と気軽に声をかけるなら、Could you take 〜？ がいいでしょう。「持っていく」の意味を持つ動詞に take、bring、carry の三つがありますが、それぞれどのように使い分けるか比較しましょう。

take	他の場所へと移動させることに用い、「連れていく」「持っていく」など「手」を使うイメージの動詞。
bring	他から自分や相手がいる場所へ移動させることに用い、「連れてくる」「持ってくる」など、「移動」に焦点を当てた動詞。
carry	何かを持って移動する動作をいい、「運ぶ」「伝える」など「運搬」に焦点を当てた動詞。

このスーツケースをホテルから空港まで持っていってくれる？
Could you take this suitcase from my hotel to the airport?
♥「ここ→他」手で持って移動するイメージ。

うちに来るとき、貸したスーツケースを持ってきてくれる？
Could you bring the suitcase I lent you when you come to my house?
♥「他→ここ」自分のほうへと移動させるイメージ。

このスーツケースは運ぶのが大変だけど、車輪が付いている。
This suitcase is hard to carry, but it has wheels. wheel（車輪）
♥方向は関係なく、重い物の運搬に焦点を当てたイメージ。

「どのように運ぶか」で、これらの動詞を使い分けましょう。

便利な表現

《How＋現在完了形？を使ってみよう》

ある程度の時間（過去から現在に至るまで）どうしているかをたずねるなら、How＋現在完了形（have you＋過去分詞）？を使いましょう。相手の感想を聞き出すとき、よく使うフレーズです。

和食は気に入りましたか？
How have you liked the Japanese food?

東京はどうですか？
How have you liked Tokyo?

日本での滞在をどう楽しんでいますか？
How have you enjoyed your stay in Japan?

この1週間どうしていましたか？
How have you been for the last week?

WORD BANK　空港に関係する表現を覚えよう！

遅れ delayed｜空港 airport｜欠航 canceled｜国際線 international service｜国内線 domestic service｜時間通り on time｜時間変更 schedule change｜時刻表 timetable｜出国審査 immigration｜税関 customs（複数形で）｜手荷物 baggage｜手荷物検査 baggage inspection｜搭乗口 boarding gate｜パスポート passport｜便名 flight number｜リムジンバス airport bus

POINT　元気なときは、fine の代わりに good や great を！

How are you? と聞かれると、日本人はよく I'm fine. と返します。でもこれは、ネイティブには「元気です」というより「まあまあだね」程度に聞こえる返事。実際は「あまり元気ではないとき、社交辞令的に fine を使う」と考えるといいでしょう。そのためネイティブは本当に元気なとき、fine ではなく good や great を使って表現します。ちょっと大げさ過ぎるくらいが、ネイティブの英語なのです。

CHAPTER 2
友人との観光

友人の紹介　初対面の挨拶

はじめましては Nice to meet you.

自己紹介だけでなく、友人も紹介できるようになろう！

J1: **This is my friend who's traveling in Japan.** His name is Mike. He's my university classmate.
日本を旅行中の友人を紹介します。こちらマイク。大学の同級生です。

J2: **Nice to meet you. I'm Hikaru, Hikaru Tanaka. I play tennis with Kei.**
はじめまして。私はヒカル、ヒカル・タナカです。ケイとはテニス仲間です。

F: **Nice to meet you too.** Your English is great, Hikaru.
はじめまして。ヒカルは英語が上手ですね。

J2: Thank you. I studied in Canada for two years. Now **I teach English at a junior high school.**
ありがとう。カナダに2年間留学していたんです。今は中学校で英語を教えています。

F: I see. I can't speak Japanese, so it really helps.
そうなんですか。私は日本語を話せないので、とても助かります。

J2: If you need help with anything, please let me know. **Here's my cell phone number.**
何か困ったことがあったら、言ってくださいね。これが私の携帯の番号です。

①そばにいる人は This is ~（こちら~です）と紹介します。さらに詳しく「~している人です」と教えるなら、関係代名詞の who を使って説明しましょう。

日本に留学中の姉です。
This is my sister who's studying in Japan.

CHECK!!

②初対面の挨拶なら、決まり文句でやり取りすれば間違いがありません。②のように Nice to meet you. と言われたら、⑤ Nice to meet you too. と返すのがお約束！ 出会いの挨拶では、次のような to 不定詞を使った表現がよく使われます。

お会いできてうれしいです。（初めの挨拶で）
I'm glad to see you.

glad
（うれしい）

♥ I'm happy to ~ でも同じような意味になります。

それに対し、別れ際の挨拶では現在分詞（ing 形）を使います。

お会いできてよかったです。（別れ際に）
It was nice meeting you.

♥ It was nice talking to you. なら「お話できてよかったです」。

to 不定詞は「未来志向の表現（会えることがうれしい）」のため、出会いの挨拶で使います。一方、現在分詞は「過去を見た表現」のため、別れ際の挨拶で使うのです。
to 不定詞と現在分詞は、stop や forget といった動詞に続ける場合、意味が変わるので注意が必要です。

I stopped to call my friends.
→友人に電話するために立ち止まった。
♥ stop to ~ で「~するため（未来）に立ち止まる」。

I stopped calling my friends.
→電話をするのをやめた。
♥ stop ~ ing で「~する（過去）のをやめる」。

③自分の名前を告げるときは、I'm Hikaru, Hikaru Tanaka. とファーストネームを繰り返すと、外国人にもどちらがファーストネームかがわかります。最近は、日本風に姓→名前の順で紹介する人も増えていますが、どちらが名前（ファーストネーム）かを教えてあげれば問題ありません。

また呼び名を教えるなら、Call me 〜（〜と呼んで）と伝えましょう。日本人の名前は外国人には覚えにくいので、呼びやすい名前にすると親切です。

⑥「〜で英語を教えています」を、×I'm teaching English at 〜と現在進行形で表現する人がいますが、これは NG です。日本語の「〜しています」につられて be 動詞＋ing 形の現在進行形を使ってしまうようですが、この「教えている」は習慣的な行為（［先生として］毎日英語を教えている）です。「（いつも）〜している」と習慣的なことを表現するときは、現在形を使いましょう。

I teach English at a junior high school.
→私は中学校で英語を教えている。
♥「いつも教えている」という習慣的なニュアンスになります。

④で I play tennis with Kei. と現在形になっているのも、習慣的な行為だからです。そのため「私はいつもケイとテニスをやる」→「ケイとはテニス仲間です」となります。現在形は、習慣的な意味で使うことがほとんどといっていいでしょう。

⑦何かを渡すときは、Here's 〜（これが〜です）といって差し出しましょう。携帯番号を渡すなら、Here's my cell phone number. です。

これがその場所の住所です。
Here's the address of the place.

このクーポンは使えますよ。
Here's a coupon you can use.

便利な表現

《If 〜でおもてなし！》

If you need help with anything（何か困ったことがあったら）など、If 〜（もし〜なら）はおもてなしのさまざまなシーンで使えます。

緊急時には119に電話して。（119の使い方を教えて）
If you have an emergency, dial 1-1-9. ……… emergency（非常時）

「三鷹の森ジブリ美術館」を訪れるなら、予約してあげるよ。
If you want to visit the Ghibli Museum, Mitaka, I can make reservations for you.

トイレを使いたいなら、2階にあります。
If you need to use the restroom, it's on the second floor.

傘が必要なら、あのコンビニで買えます。
If you need an umbrella, you can get one at that convenience store.

WORD BANK　挨拶で役立つ表現を覚えよう！

挨拶する、出迎える　greet｜案内する　guide｜くつろぐ　make oneself comfortable｜経歴　career｜自己紹介　self-introduction｜週末　weekend｜紹介する　introduce｜職業　occupation｜平日　weekday｜名刺　business card｜もてなし、接待　hospitality｜ようこそ　welcome｜連絡先の番号　contact number｜連絡先を交換する　exchange contact information

POINT　ハグする？ ハグしない？

欧米の映画やドラマを見ると、親しい人に会うときは大げさに抱き合っています。そのため「欧米人に会ったらハグするもの」と思い込んでいる日本人もいますが、「郷に入れば郷に従え」。日本にいるのですから、日本風にもてなせば大丈夫です。頬へのキスなんか、アメリカ人だってよほど親しい人でない限り、そう頻繁にしません。外国人観光客には、おじぎや細かな気配りといった日本風のおもてなしが喜ばれます！

CHAPTER 2
友人との観光

観光① 相手の興味を引き出す
Would you like ～？で要望を聞く　◀ TRACK 18

オススメの観光地を教えてあげよう！

J: <u>Where have you visited in Japan?</u>① Are you traveling with a tour group?

日本ではどこへ行きました？　ツアーで旅行しているんですか？

F: <u>I've only visited Tokyo so far.</u>② I'm not with a group. <u>Is there anywhere you recommend?</u>③

今のところ東京だけです。ツアーではありません。どこかオススメの場所はありますか？

J: <u>How about Hakone?</u>④ <u>It's about an hour and a half from Shinjuku by train.</u> <u>Would you like me to tell you how to get there?</u>⑥

箱根はどうですか？　新宿から電車で1時間半くらいです。どうやって行くか教えましょうか？

F: Yes, please do! <u>I want to visit Mt. Fuji too.</u>⑦

ええ、ぜひお願いします！　富士山にも行きたいです。

J: Then you should go to Shizuoka after Hakone. <u>There's a direct bus.</u>⑧

それなら箱根から静岡県に行くといいですよ。直行バスがあります。

F: That's great. <u>I've always dreamed of climbing Mt. Fuji.</u>⑨

それはいい。富士山に登るのがずっと夢だったんです。

カタカナ英語クイズ **Q19** ライブハウスを英語で言うと？

① ある程度の期間どこへ行っていたかをたずねるなら、Where + 現在完了形の疑問文？（どこへ［で］～しましたか?）を使いましょう。Where have you been in Japan? と動詞を been にしても「日本ではどこへ行きましたか?」という意味になります。

どこへ行っていたの？（しばらく居場所がわからなかったときに）
Where have you been?

② ★「今のところ～しただけです」は I've only ～ so far. を使いましょう。only は、助動詞と過去分詞の間に入れてください。

今のところ東京ディズニーランドに行っただけです。
I've only been to Tokyo Disneyland **so far.**

so far
（今のところ）

③「オススメの～はありますか?」なら、Is there ～ you recommend? です。「～」には anything や anywhere などが入れられます。

他に何かオススメはありますか？（別の物を探して）
Is there anything else you recommend?

anything else
（他に何か）

④ How about ～? で「～はどうですか?」という提案になります。How about の後には名詞を付けるだけでいいので、気軽に使えます。「～はどう?」と名前を挙げてすすめるのに便利です。

懐石料理はどう？
How about tea-ceremony dishes?

温泉に行くのはどう？
How about going to a hot spring resort?
♥動詞を続ける場合、about の後は ing 形にします。

⑤ 時間を教えるなら、It's + 時間（～時間です）です。「時間」の hour（アワー）は母音で始まるため、an hour と冠詞が an になることに注意しましょう。It takes + 時間（～時間かかる）もほぼ同じ意味合いで使えます。

新幹線で仙台から約1時間半です。
It's about an hour and a half from Sendai by *Shinkansen*.
= It takes about an hour and a half from Sendai by *Shinkansen*.

CHECK!!

⑥ 「～したいですか?」と丁寧にたずねるなら、Would you like ～? を使いましょう。カジュアルなニュアンスの Do you want to ～? より、親切な聞き方になります。

バスがいいですか、それとも電車や飛行機ですか?
Would you like to go by bus, train or airplane?

喫煙席と禁煙席のどちらがいいですか?
Would you like smoking or non-smoking?

smoking（喫煙席）、non-smoking（禁煙席）

何か飲みますか?
Would you like something to drink?
♥飲み物をすすめるときの定番表現です。something to eat なら「何か食べる物」。

⑦ ★ I want to visit Mt. Fuji too. で、Mt. Fuji は「山」なので冠詞は不要です。ただし「山脈」の場合、the が必要ですから注意しましょう（例：the Alps [アルプス山脈]）。

⑧ 「直行バスがあります」という表現にも、「～がある」の There's ～ のフレーズが使えます。

ベルリンから東京まで直行便があります。
There's a direct flight from Berlin to Tokyo.

⑨ ★「いつも～を夢見ていた」と長い間憧れていたことなら、現在完了形を使って I've always dreamed of ～と表現しましょう。現在に至るまでの、時間経過を表すことができます。

私はいつも大仏を見ることを夢見ていました。
I've always dreamed of seeing the Great Buddha.

便利な表現

《どんな観光を希望するか、相手の意見を聞こう》

具体的な名詞や疑問詞を使って質問すると、相手も答えやすくなり話もはずみます。

どこを観光したいですか？
Where do you want to go sightseeing? ……… go sightseeing（観光する）

日帰り旅行ですか？
Is it a one-day trip?

何日くらいの観光がいいですか？
How many days would you like to go sightseeing?

予算はどれくらいを考えていますか？
What price range are you considering?

WORD BANK　観光に必要な表現を覚えよう！

外貨　foreign currency｜クレジットカード　credit card｜景観　scenery｜紅葉　autumn colors｜国立公園　national park｜小銭　small change｜紙幣　bill｜店員　shop staff｜日本製　made in Japan｜入場料　admission｜保護区　natural reserve（自然の）、sanctuary（野生動物の）｜無料　free｜名所　sights（複数で）｜両替所　exchange counter｜両替する　exchange

POINT　時代は「爆買い」から「爆食い」へ

フジヤマ、ゲイシャ、カブキは相変わらず外国人観光客に人気ですが、最近は「よりディープな日本」を求めて来日するリピーターが増えています。観光客の関心も「爆買い」から「爆食い」へと移行し、イチゴや梨の「果物狩り」や、お好み焼き・たこ焼きなどの「粉もんツアー」、バスで回るグルメツアーなどが人気だとか。外国人にも、日本のオバちゃん（失礼！）が好きな experience（体験）型ツアーが大人気です！

CHAPTER 2
友人との観光

観光② 風景に感動する
There's 〜 で「ある・ない」を伝える

◀ TRACK 19

観光地の基礎知識を英語で言えるようにしよう！

J: Come here! You can see Mt. Fuji from here.
ここへ来て！ ここから富士山が見えますよ。

F: Wow, it's so beautiful! There's still snow on the top.
わあ、すごくきれいだ！ 頂上にはまだ雪があるんですね。

J: Mt. Fuji is 3,776 meters tall. There's snow on the top for about half the year.
富士山の標高は 3776 メートル。頂上には 1 年の半分近く雪があります。

F: The air is so fresh here. The lakes are pretty too.
ここは空気が美味しいですね。湖もきれい。

J: There are five lakes around Mt. Fuji called Fujigoko. Try drinking the water. It's spring water.
富士山の周りには「富士五湖」という五つの湖があります。その水を飲んでみて。湧き水ですよ。

F: Wow, it tastes great! The scenery is beautiful too. This place is amazing!
わあ、美味しい！ 景色もきれいだ。ここは最高ですね！

① 「～できますよ」と伝えるなら、You can ～で始めましょう。何かを指示するのに便利な表現です。ぜひ使いこなしてください。

靴を履いたままでいいですよ。（室内に上がるときに）
You can keep your shoes on.
keep ～ on
（～を身に着けたままでいる）

傘はここに掛けられます。（傘置き場を教えて）
You can hang your umbrella here.
hang
（吊るす、掛ける）

このボタンを押せば注文できます。（飲食店で）
You can push this button to order.

スイカに好きなだけお金をチャージできます。（駅の自動券売機で）
You can charge your Suica with as much money as you want.
as much as you want
（好きなだけ）

CHECK!!

② 「～があります」のThere's ～は、実はおもてなしで非常によく使うフレーズです。物以外の有無も伝えられるので、相手が必要とする情報を提供してあげましょう。

朝なら安いフライトが使えます。
There's a cheap flight available in the morning.

そのエリアに有名な天ぷら屋があります。
There's a famous *tempura* restaurant in the area.

北へ行くのにもっといい時期があります。
There's a better time to go to the north.

③ 「標高」は～ meters tall と表現しましょう。「海抜」なら～ meters above sea level です。富士山の標高のようなデータは、観光客には興味深いもの。できたら観光案内の前に必要最低限の情報は仕入れておくといいでしょう。P149 もぜひ参考にしてください。

富士山は東京の南西約 100 キロの場所にあります。
Mt. Fuji is about 100 kilometers southwest of Tokyo.

♥ southwest で「南西」、northeast で「北東」ですが、英語で「東西南北」は north, south, east and west の語順になります。

CHAPTER 2　友人との観光　観光②　風景に感動する

④「lake（湖）が pretty って変じゃない?」と思うかもしれませんが、pretty は「かわいい」だけではありません！「きれいな」「見事な」という意味もあり、好感の持てる魅力的な物に対して使います。また pretty good のように副詞として使う場合、「かなり」「ずいぶん」という意味になるので注意しましょう。

原宿には明治神宮という素敵な神社があります。
There's a pretty shrine in Harajuku called Meiji-jingu.

なかなかいいね。（ほめ言葉として）
It's pretty good.

⑤ 複数の物がある場合、There's 〜ではなく There are 〜を使いましょう。×There're 〜と短縮しないことに注意してください。

富士山の周りには風穴と呼ばれるたくさんの洞穴があります。
There are a lot of caves around Mt. Fuji called *fuketsu*.

呼び名を教えるなら、called 〜（〜と呼ばれる）と続けましょう。
There's 〜 called ...で「…と呼ばれる〜がある」となります。

千葉には九十九里と呼ばれる素晴らしい海水浴場があります。
There's a nice beach area in Chiba called Kujukuri.

東京には高尾山という素敵な山があります。
There's a nice mountain in Tokyo called Mt. Takao.

ドン・キホーテという、変わったお土産を買うのにいい場所があります。
There's a good place to buy strange souvenirs called Don Quijote.

⑦「すごい」「最高」といった最上級のほめ方をするなら、amazing がオススメ。日本人にはあまり馴染みのない言葉のようですが、ネイティブは驚いたり、喜んだりする際、非常によく使います。大げさに表情を付けて言うと、ネイティブっぽく聞こえますよ！

便利な表現

《Try ～で日本文化を経験してもらおう！》

「～（に挑戦）してみて」と呼びかけるなら、❻の Try drinking the water.（その水を飲んでみて）のように Try ～で始めましょう。try に動詞を続ける場合、ing形にするのを忘れずに！

このソースにつけてみて。（調味料をすすめて）
Try dipping it in this sauce.

> dip（[液体などに]浸す）

こんなふうに箸を持ってみて。（箸の使い方を教えて）
Try holding the chopsticks like this.

> hold the chopsticks（箸を持つ）、like this（こんなふうに）

「すみません」と声をかけて注意を引いてみて。（日本のマナーを教えるときに）
Try getting his attention by saying, "Sumimasen."

> get attention（注意を引く）、by saying ～（～と言って）

WORD BANK 富士山を紹介する表現を覚えよう！

遺産　heritage｜活火山　active volcano｜高山病　altitude sickness｜～合目　序数+station｜最高峰　highest peak｜山頂　summit｜山麓　foot of the mountain｜神聖な　sacred｜～することは禁止されている　be forbidden from～｜登山する　climb｜登山道　climbing route｜～として登録される　be recognized as～｜風穴　wind cave｜噴火する　erupt｜霊山　holy mountain

POINT 富士山はなぜ外国人に人気!?

富士山より高い山など海外にいくらでもあるのに、富士山を見たいという外国人観光客は増加する一方です。その理由に挙げられるのは、左右対称でバランスのとれた非常に美しい山だということ。単独峰のためか、湖面にスッと映る姿も非常に印象的です。また、古くから信仰の対象となっている霊峰であり、浮世絵に描かれた雪をまとった美しさなども海外で人気の理由でしょう。

CHAPTER 2 友人との観光

観光③ 観光マナーを伝える

not allowed で禁止事項を伝える　◀ TRACK 20

禁止されている行為をさりげなく教えよう！

J: <u>Would you like me to take a picture?</u>①
写真を撮りましょうか？

F: Yes, please. <u>Can you get that shrine in the background?</u>②
ええ、お願いします。うしろにあの神社を入れてくれますか？

J: Okay, <u>one, two, three, smile!</u>③ <u>Check to see if it came out okay.</u>④
わかりました。1、2、3、笑って！ ちゃんと撮れたか確かめてください。

F: It's fine. Thank you. Now I'm going to take some photos of the inside of the shrine.
大丈夫です。ありがとう。じゃあこれから神社の中を撮影してきます。

J: Oh, <u>photography isn't allowed</u>⑤ inside the shrine. There are a lot of places in temples and shrines that <u>don't allow photos, so you need to be a little careful.</u>⑥
あ、神社の中は撮影禁止ですよ。寺社は撮影禁止の場所が多いから、少し気を付けないと。

F: I see. <u>Thanks for telling me.</u>⑦
わかりました。教えてくれてありがとう。

① 「〜してもらいたいですか?」「〜しましょうか?」と声をかけるなら、Would you like me to 〜 ? を使いましょう。相手が自分に何をしてもらいたいか、要望を確かめられます。

タクシーを呼びましょうか?
Would you like me to call a taxi for you?

券売機をどう使うかお見せしましょうか?
Would you like me to show you how to use the ticket machine?

小銭に替えましょうか?
Would you like me to give you smaller change?

② 「〜できる?」と気軽に聞くなら、Can you 〜 ? がオススメ。丁寧に聞くなら Could you 〜 ?(〜してもらえますか?)ですが、親しい間柄なら Can you 〜 ? で大丈夫です。

あの青い地下鉄のマークは見える?
Can you see that blue subway sign?

相撲のチケットは買える?
Can you buy a *sumo* match ticket?

③ 撮影の合図は日本語だと「1、2の3、チーズ!」ですが、英語だと one, two, three, smile!(1、2、3、笑って!)です。カウントせず Say cheese.(チーズと言って)だけでも OK ですが、この場合、撮影される側は Cheese.(チーズ)と返すのがお約束です。

④ 「〜かどうか確かめて」と声をかけるなら、Check to see if 〜です。

スマートフォンが使えるか確かめて。
Check to see if you can use your smartphone.

インターネットにつながるか確かめて。
Check to see if you can access the Internet.

CHECK!!

⑤外国人観光客に日本の観光マナーを伝えるのも、大切なおもてなしです。寺社や博物館などは禁止事項が多いので、事前に~ not allowed（～は禁止されています）と教えておきましょう。

電車の中での通話は禁止されています。
Talking on the phone isn't allowed on the train.

ほとんどの公衆浴場では刺青が禁止されています。
Tattoos aren't allowed in most public baths.

⑥軽く注意、アドバイスするなら You need to ~（～しないと）で始めるといいでしょう。日本のマナーや習慣を教えるのに便利です。

道を渡りたいなら信号のボタンを押さないと。
You need to push the traffic light button if you want to cross.

どこへ行くときもパスポートのコピーを持ち歩かないと。
You need to carry a copy of your passport everywhere you go.

人がおじぎをしてきたら、あなたもおじぎをしないと。
You need to bow if someone bows to you.

⑦★「～してくれてありがとう」とお礼を言うなら、Thanks for ~です。後に動詞を続けるときは ing 形にしましょう。

ご親切にありがとうございます。
Thanks for your kindness.

いろいろ連れて行ってくれてありがとう。
Thanks for taking me to so many places.

私のために通訳してくれてありがとう。
Thanks for interpreting for me.

便利な表現

《注意する表現を覚えよう》

遠い日本まで来てくれたのですから、気持ちよく過ごしてもらいたいもの。禁止事項はあらかじめ伝え、トラブルを回避しましょう。

席を離れるときは貴重品を身に付けてください。
Please take your valuables with you when you leave your seat.

写真撮影は遠慮してください。
Please refrain from taking pictures.

私の指示に従ってください。
Please follow my instructions.

展示品には触らないでください。
Please don't touch the exhibits.

WORD BANK 寺社参拝に必要な表現を覚えよう！

池 pond | お守り amulet/good-luck charm | 神主 Shinto priest | 枯山水 rock garden | 座禅 Zen meditation | 参道 approach to a shrine | 山門 the main gate | 写経 copying sutra | 鐘楼 bell tower | 神社 shrine | 線香 incense stick | 僧侶 Buddhist monk | 寺 temple | 鳥居 torii / Shinto shrine archway | 墓 grave | 本堂 main temple building

POINT 世界に広まるカタカナ英語

power spot（パワースポット）は日本人が作った和製英語ですが、最近は海外でも通じるようです。このように「日本人が勝手に作った英語」が、実はかなり海外でも使われています。*manga*（漫画）や *anime*（アニメ）、*kawaii*（かわいい）や *ramen*（ラーメン）はもちろん、今では *visual-kei*（ビジュアル系）なんて言葉も世界共通語に！「クールジャパン、恐るべし！」ですね。

COLUMN

日本の観光地の表現

観光地を調べて日本を再発見してみよう!

日本には47の都道府県があります。
Japan has 47 prefectures.

日本は北海道、東北、関東、中部、近畿、中国、四国、九州の八つの地域に分けられます。
There are eight regions in Japan: Hokkaido, Tohoku, Kanto, Chubu, Kinki, Chugoku, Shikoku and Kyushu.

北海道、本州、四国、九州を含め、日本には6852の島があります。
Japan has 6,852 islands, including Hokkaido, Honshu, Shikoku and Kyushu.

京都は昔の日本の首都で、世界遺産の寺社が数多くあります。
Kyoto is the old capital of Japan and has many temples and shrines that are World Heritage Sites.

金沢は江戸時代に栄えた町で、今も昔ながらの町並みや伝統工芸が残っています。
Kanazawa was a prosperous town during the Edo Period, and its traditional scenery and crafts culture still remain.

福岡は韓国や中国から近いため、アジアの外国人観光客が数多く訪れます。
Fukuoka attracts a lot of Asian tourists because it is close to Korea and China.

神戸は世界有数の港町の一つで、独特の雰囲気が人気です。
Kobe is one of the world's biggest port cities, and it's popular for its unique atmosphere.

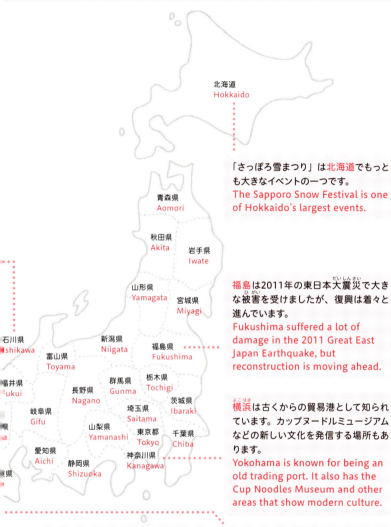

「さっぽろ雪まつり」は北海道でもっとも大きなイベントの一つです。
The Sapporo Snow Festival is one of Hokkaido's largest events.

福島は2011年の東日本大震災で大きな被害を受けましたが、復興は着々と進んでいます。
Fukushima suffered a lot of damage in the 2011 Great East Japan Earthquake, but reconstruction is moving ahead.

横浜は古くからの貿易港として知られています。カップヌードルミュージアムなどの新しい文化を発信する場所もあります。
Yokohama is known for being an old trading port. It also has the Cup Noodles Museum and other areas that show modern culture.

大阪はかつて商業の中心地であったことから、「天下の台所」と呼ばれていました。
Osaka was nicknamed the nation's kitchen because it used to be the business center of Japan.

日本最古の寺院があることから、奈良は日本の歴史が始まった場所と言われています。
Nara is said to be the birth place of Japanese history because it's home to Japan's oldest temple(s).

CHAPTER 2 友人との観光

買い物① 服を買う

接客フレーズを覚えよう！　　　◀ TRACK 21

接客にも使える、買い物の基本フレーズを押さえよう！

J: This is an outlet store. They have really low prices on clothes. Are you looking for souvenirs?
ここはアウトレットの店です。洋服がすごく安いですよ。お土産にどうですか？

F: Yes, I'd like to go. It's cold, so I want to buy a warm coat.
いいですね、ぜひ。寒いので、暖かい上着が欲しいです。

J: How about this down jacket? What size are you?
このダウンジャケットはどうですか？　サイズはいくつ？

F: I like the color. I'm a large. Can I try it on?
きれいな色ですね。私はLサイズです。試着できますか？

J: The fitting rooms are over there. Follow me.
試着室は向こうです。付いて来てください。

F: This is really cheap. I'll get a souvenir for my father as well.
すごく安いですね。父へのお土産としても買います。

❶ お店を案内するときに「(その店は) 〜だ」と教えるなら、They 〜と they を主語にして表現しましょう。They have 〜で「〜がある」と商品や在庫を表せます。

(その店には) 英語のメニューがある。
They have an English menu.

(その店には) 最高に美味しい焼き鳥がある。
They have the best *yakitori*.

(その店は) 一晩中開いている。
They stay open all night.

stay open (開いている)、all night (一晩中)

♥ 24 時間営業の店は、このように紹介しましょう。

❷ わざわざ目の前の相手に Are you 〜 ing ?(〜しているんですか?)とたずねることは、「よかったら、相談に乗りますよ」というメッセージにもなります。

友達への買い物ですか?
Are you shopping for a friend?

何か特別な物を探しているんですか?
Are you looking for something in particular?

in particular (特に、具体的に)

❸ ★ I'd like to 〜で「〜したいです」と願望を表すフレーズになります。旅先で自分の希望を伝えるときに使いましょう。

禁煙席に座りたいのですが。
I'd like to sit in the non-smoking section.

今晩予約をしたいのですが。
I'd like to make a reservation for tonight.

また、I'd like+名詞で「〜をお願いします」「〜をいただけますか」という注文になります。

ハンバーガーとフライドポテトをお願いします。
I'd like a hamburger and French fries.

何か飲み物をいただけますか。
I'd like something to drink.

> **CHECK!!**

④お店に行ったら、あれこれと世話を焼いてあげましょう。サイズを聞くなら What size are you? の他に Do you know your size?（サイズはわかりますか？）でも OK です。他に次のようなフレーズも覚えておくと便利です。

何色がいいですか？
What color do you want?

試着しますか？
Would you like to try it on?

（着心地は）どうですか？
How does it fit?

よく似合っていますよ。
This is definitely you.
♥ definitely で「間違いなく」なので、「これは間違いなくあなたの物だ」→「よく似合っています」となります。This definitely suits you. でも OK です。

⑤★サイズを聞かれたら I'm a large. のように、a+サイズで答えましょう。「S サイズです」なら I'm a small. です。

私は 7号です。
I'm a size 7.
♥数字でサイズを答える場合も、冠詞の a を付けるのを忘れずに。

⑥★ try on で「試着する」なので、Can I try it on? で「試着できますか？」となります。

⑦道案内の定番表現といえば Follow me.（付いて来てください）です。This way.（こちらへ）も同じような意味で使えます。

便利な表現

《気配りの言葉 Are you 〜?》

外国人観光客は、なかなか自分から日本人に話しかけられないもの。積極的にこちらから Are you 〜?（〜ですか？）と相手を気づかう言葉をかければ、立派なおもてなしになります。

迷ったのですか？
Are you lost? ……… lost（道に迷った）

疲れましたか？
Are you tired?

料理はどうですか？（美味しいですか？）
Are you enjoying your meal?

何かアレルギーはありますか？
Are you allergic to anything? ……… allergic（アレルギーの）

WORD BANK　デパートで使う表現を覚えよう！

着心地がいい　comfortable｜（洋服を）着る　wear｜試着室　fitting room｜購入（する）　purchase｜高級な　sophisticated｜丈夫な　durable｜シワになりにくい　wrinkle resistant｜高い　expensive｜デパート　department store｜日本製　made in Japan｜はやりの　fashionable｜フィットした　fitted｜安い　cheap｜ゆったりとした　relaxed｜洋服　clothes（複数形で）

POINT　長さの単位はインチ？ センチ？

欧米の国はすべてフィートやインチを使っていると思ったら、大間違い！ 意外にも、今では世界の多くの国がメートルやセンチを採用し、アメリカだけがかたくなにフィートやインチを使い続けているのです。「外国人にはフィートやインチで答えないと……」と思っている日本人は多いようですが、その必要はありません！ アメリカ人にだけ、換算表を用意しておけば十分でしょう。ちなみに1インチは25.4ミリ、1フィートは30.48センチです。

CHAPTER 2
友人との観光

買い物② お土産を買いに行く
How about some 〜? ですすめる 🔊 TRACK 22

日本が自慢する物をすすめてみよう!

F: <u>Where can I buy food souvenirs?</u>
食べ物のお土産はどこで買えますか?

J: How about the food shops in the <u>department store basement</u>? <u>You can try samples there.</u>
デパートの地下の食料品売り場はどうですか? そこで試食もできます。

F: <u>That sounds good.</u> Can you take me there?
それはいいですね。連れて行ってくれますか?

＊デパートの地下食料品売り場にて。

J: <u>How about some green tea flavored sweets?</u> They're very popular with tourists now. <u>Here, try some.</u>
抹茶のお菓子はどう? 今、観光客にとても人気です。さあ、食べてみて。

F: It's delicious! <u>It smells like tea too.</u> Do you recommend anything else?
美味しい! お茶の香りもします。他に何かオススメは?

J: <u>Have you ever eaten *senbei*?</u> <u>I recommend them.</u>
「おせんべい」は食べたことがありますか? オススメですよ。

① ★「どこで〜できますか?」なら、Where can I 〜 ? とたずねましょう。観光地で外国人からよく聞かれるフレーズです。

どこでタクシーを拾えますか?
Where can I get a taxi?

どこで両替できますか?
Where can I exchange money? ……… exchange money(両替する)

② 「デパートの地下」は department store basement です。イギリス英語とアメリカ英語で、階数の表現は異なります。日本の教科書は基本的にアメリカ英語なので、アメリカ英語で覚えておくといいでしょう。比較すると次のようになります。

日本語	アメリカ英語	イギリス英語
1 階	1st floor	ground floor
2 階	2nd floor	1st floor
3 階	3rd floor	2nd floor

③ try には「試しに食べてみる」という意味もあるので、You can try samples there. は「そこで試食もできます」となります。⑥の Here, try some. の try も同じ意味です。

④ 同意の返事、That sounds good. は Sounds good. と省略することもできますし、That sounds great. や Sounds great. も同じ意味になります。日本語の「いいねえ」と同じような感覚で使いましょう。

CHECK!!

⑤ How about 〜 ?(〜はどうですか?)のフレーズで some を使うのは、相手が Yes と返事するのを期待して声をかけているためです。飲食をすすめるときによく使います。

コーヒーか紅茶はいかがですか?
How about some coffee or tea?

もっとおそばはいかがですか？（おかわりをすすめて）
How about some more *soba*?

また今、抹茶は世界的にも人気です。「抹茶のお菓子」というときは「抹茶風味のお菓子」と考え、〜 flavor（〜風味）を使って表現しましょう。「七味唐辛子」なら seven-flavored spice、「しょうゆ味」なら soy sauce flavor です。

しょうゆと七味唐辛子はどうですか？
How about some soy sauce and seven-flavored spice?

⑦ ★味や香りを表現するなら、It で始めれば簡単です。「〜みたいな香りがする」なら like（みたいな）を使い、It smells like 〜と表現しましょう。

腐った卵みたいな匂いがする。
It smells like rotten eggs.

rotten
（腐った）

何かが焦げているような匂いがする。
It smells like something is burning.

⑧「〜を（今までに）食べたことがありますか？」と和食を食べた経験の有無をたずねるなら、Have you (ever) eaten 〜？ です。

今までに納豆を食べたことはありますか？
Have you ever eaten *natto*?

前にイクラを食べたことはありますか？
Have you eaten salmon roe before?

⑨ I recommend 〜（〜をオススメします）で、自分のお気に入りを相手に紹介できます。

温かい甘酒を飲むのがオススメだよ。
I recommend drinking warm sweet *sake*.

sweet *sake*
（甘酒）

その土地のラーメンを食べるのがオススメだよ。
I recommend trying the local *ramen*.

便利な表現

《アメリカ英語とイギリス英語の違い》

階数の他にも、アメリカ英語とイギリス英語で異なる単語はいろいろあります。その代表的なものを紹介しましょう。

日本語	アメリカ英語	イギリス英語
(季節の)秋	fall	autumn
飴	candy	sweets
映画	movie	film
エレベーター	elevator	lift
缶詰	can	tin
ガソリンスタンド	gas station	petrol station
休暇	vacation	holiday
ズボン	pants	trousers
庭	yard	garden

WORD BANK　建物内の表現を覚えよう！

1階 first floor ｜ 2階 second floor ｜ 3階 third floor ｜ 案内所 information office ｜ 入口 entrance ｜ 上の階 upstairs ｜ 裏手 behind/back ｜ 屋上 rooftop ｜ 階段 stairs ｜ 催事場 event hall ｜ 最上階 top floor ｜ 下の階 downstairs ｜ 地下 basement ｜ 地下1階 B1 ｜ 地下駐車場 underground parking lot ｜ 通路 alley ｜ トイレ restroom ｜ 非常口 emergency exit ｜ ペントハウス penthouse

POINT　お土産物はどこで買う？

なんといっても100円均一ショップ（通称100均：100-yen shop）が人気です。今や世界中に進出し、中国では10元、アメリカでは1.5ドル、ブラジルでは6.99レアル均一ショップがあるとか。たとえ自国にあっても本家・日本の品揃えは驚くほどで、どんな外国人でも大喜び！ いつか街中でWhere is the nearest 100-yen shop?（最寄りの100均はどこですか?）なんて聞かれるかも!?

CHAPTER 2　友人との観光　買い物②　お土産を買いに行く

COLUMN

おおざっぱな伝え方

日本独自の物を、いざ英語で伝えるのは難しいものです。そんなとき、「〜でできています」や「〜みたいな物」といった特徴を伝えると、理解しやすいでしょう。どう表現すればいいか困ったら、「おおざっぱな伝え方」を駆使して切り抜けましょう！

❶何でできているか教える

It's 〜 made of/from ...（…でできている〜）

「made of＋材料」「made from＋原料」です。
- 羊羹 ➡ It's a Japanese sweet made from *adzuki* beans.
（それはあずきからできた日本のスイーツです）
- 日本刀 ➡ It's a sword made from Japanese iron.
（それは日本の鉄でできた剣です）
- 畳 ➡ It's a mat made of straw.
（それは草からできたマットです）

❷何のための物か教える

It's 〜 for ...（…のための〜です）
- 座布団 ➡ It's a cushion for sitting on.
（それは座るためのクッションです）
- おみくじ ➡ It's a randomly drawn slip of paper for fortune telling.
（それは運勢を占うためにひく、くじです）
- 年賀状 ➡ It's a postcard for New Year's greetings.
（それは新年を祝うためのハガキです）

❸似ている物を教える

(something) like〜（〜みたいな物）
- 下駄 ➡ It's like a sandal.
（それはサンダルみたいな物です）
- おせんべい ➡ It's like a cracker.
（それはクラッカーみたいな物です）
- 鬼 ➡ It's like a monster.
（それは怪物みたいな物です）

❹ どのような種類の物かを教える

It's a kind of〜（〜の一種です、〜みたいな物です）

□剣道 ➡ It's a kind of sword fighting.
（それはフェンシングみたいなものです）

□ふすま ➡ It's a kind of door.
（それは一種のドアです）

□お通し ➡ It's a kind of appetizer.
（それは一種の前菜です）

❺ いつ使う物か教える

You use it when〜（〜するときに使います）

□うちわ ➡ You use it when it's hot.
（それは暑いときに使います）

□ハンコ ➡ You use it when you sign documents.
（それはサインをするときに使います）

□かんざし ➡ You use it when you put your hair up.
（それは髪を留めるときに使います）

❻ なぜ有名なのか教える

It's famous for〜（〜で有名です）

□白川郷 ➡ It's famous for being listed as a World Heritage Site. （そこは世界遺産に登録された場所として有名です）

□東京スカイツリー ➡ It's famous for being the tallest building in Japan. （それは日本で一番高い建物として有名です）

□鎌倉大仏 ➡ It's famous for being an outdoor statue of the great Buddha. （それは屋外にある大仏として有名です）

❼ なぜ人気なのか教える

It's popular as〜（〜として人気です）

□メイドカフェ ➡ It's popular as a café where the customers are served by cute maids.（そこはかわいいメイドが接客するカフェとして人気です）

□甲子園 ➡ It's popular as a mecca for high school baseball.
（それは高校野球の聖地として人気です）

□コミケ ➡ It's popular as a convention for selling *anime* magazines.
（それはアニメ雑誌の販売会として人気です）

CHAPTER 2 友人との観光

食事① 食事に出かける

It's called 〜で名前を教える

◀ TRACK 23

和食の名前や素材の説明に挑戦しよう

J: Would you like to eat lunch here? What would you like to eat?
ここでお昼を食べますか？　何がいいですか？

F: Since I'm in Japan, I'd like to eat Japanese food. *Sushi* or *tempura* would be good.
せっかく日本にいるのですから、和食を食べたいです。お寿司か天ぷらがいいですね。

J: Okay, let's go to a Japanese restaurant. What do you think of that *ume* set?
じゃあ、日本料理の店に行きましょう。その「梅定食」はどうですか？

F: Wow, that looks good! What is it?
わあ、美味しそう！　それはなんですか？

J: It's called *chawanmushi*, and it's made of steamed egg. It's similar to pudding, but it isn't sweet.
それは茶碗蒸しといって、卵を蒸した物です。プリンに似ていますが、甘くないですよ。

F: I'll try that then!
じゃあ食べてみよう！

① 相手の要望をたずねるなら Would you like to＋動詞？(〜したいですか？) を使いましょう。丁寧な言い回しなので、あらゆる状況で使えます。

他に何か注文したいですか？(追加注文を確認して)
Would you like to order anything else?

少し食べてみますか？(試食をすすめて)
Would you like to try some?

② また「何を〜したいですか？」と聞くなら、What would you like to＋動詞？を使いましょう。注文をたずねるとき、よく使う表現です。

飲み物は何にしますか？(注文をとるときに)
What would you like to drink?

③ ★ since は、「〜から、〜以来」と事柄の起点を表すだけではありません。「〜だから」と理由も表し、すでに相手も知っているようなことを「ついで程度」のニュアンスで説明するときに使います。

京都にいるのだから、舞妓さんを見たいな。
Since I'm in Kyoto, I'd like to see a *maiko*.
♥「京都にいるついでに」くらいのニュアンスになります。

④ will の過去形 would を使った〜 would be good の would は「〜だろう」という控えめな推量を表します。

それはいいね。
That would be nice.

地図を持ってきてもらえるとありがたいです。
It would be great if you could bring me the map.

⑤「〜しよう」と人を誘う一番簡単なフレーズが、Let's 〜です。Let's have fun! (楽しもう！) や Let's have a party! (パーティーを開こう！) などの決まり文句は、いざというときに役立ちます。

⑥ 相手に何かをすすめる際「〜はどうですか?」とたずねるなら、How about 〜? 以外に What do you think of 〜? も使えます。What do you think of 〜? は「〜はどう？　どう思う?」と相手の意見を聞く場合にも用います。

ビジュアル系バンドはどう？
What do you think of *visual-kei* bands?

visual-kei
（ビジュアル系）

⑦ ★「〜のようだ」と様子を表現するなら、動詞の look を使いましょう。That looks good! で、「それは（その食べ物は）美味しそうに見える」→「美味しそう」となります。

CHECK!!

⑧「(それは) 〜といい、…でできています」と名称と素材を教えるなら、It's called 〜 and it's made of ...です。

それはアンコといい、甘い豆でできています。
It's called *anko* and it's made of sweet beans.

下駄といい、木でできています。
They are called *geta*, and they are made of wood.
♥下駄や靴のように二つで1セットの物は They are 〜と複数形になります。

便利な表現

《since と because の違い》
理由を表す言葉として、③の since の他に because もあり「(なぜなら) 〜だから」のように直接的な理由を表します。since には起点の意味もあり、起点か理由かは前後関係から判断するしかありませんが、because は理由のみです。ニュアンスを比較すると次のようになります。

（なぜなら）金曜日は祝日だから、木曜は忙しいだろう。
Because Friday is a holiday, I'll be busy on Thursday.
♥木曜が忙しい理由を、Because 〜で説明しています。

（知っているだろうけれども）金曜は祝日だから、木曜は忙しいだろう。
Since Friday is a holiday, I'll be busy on Thursday.
♥ since を使うと、金曜が祝日だということは、すでに知られているニュアンスになります。

《「見る」ではない look》
It looks 〜（〜のようだ、〜のように見える）と似たフレーズに It looks like 〜（〜みたいだ、〜に似ている）がありますが、この二つは用法やニュアンスが異なります。It looks の後には形容詞が、It looks like の後には名詞が続きます。

雨のようだ。
It looks rainy.
♥すでに雨が降っている状態（rainy）を表します。

雨が降りそうだ。
It looks like rain.
♥まだ雨は降っていない状態を表します。「雨（の天気）に似ている」→「雨が降りそうだ」。

WORD BANK 和食の表現を覚えましよう！

薄味 mild｜刻み海苔 shredded *nori*｜濃い味 rich｜（ざるそばの）ざる strainer｜吸い物 clear soup broth｜そば粉 buckwheat flour｜そば茶 buckwheat tea｜大根おろし grated radish｜漬物 pickles｜冷たい chilled｜日本酒 *sake*｜（温度が）ぬるい lukewarm｜粘った、ぬるぬるした sticky / slimy｜和菓子 Japanese confectionery｜和食 Japanese food

POINT 外国人にとっての和食

日本食について外国人にリサーチしたところ、苦手な食品として納豆、生卵、たらこ、ウニ、漬物、梅干しなどが挙げられました。なかなかナマモノには手が出ないようです。日本の食で見習いたい習慣には「箸」が挙げられ、驚いたことに手が汚れないようポテトチップスを箸で食べる外国人がかなりいるとか!? 新たな食事マナーとして「ポテチ箸」が世界に広まる日も、そう遠くないかもしれません。

CHAPTER 2 友人との観光

食事② 支払いをする

支払い表現を極める！

◀ TRACK 24

カードと現金、両方の支払いに対応しよう！

F: <u>Can I pay by card?</u>
カードで払えますか？

J: <u>I'm sorry, but</u> <u>they only take cash.</u> <u>It's 2,000 yen plus tax.</u>
すみませんが、現金だけなんです。2000円に消費税が付きます。

F: Okay. <u>Let me treat you.</u>
わかりました。今日は私がごちそうします。

J: What? <u>I can't let you do that. I'll pay for myself.</u>
ええっ！　それは悪いですよ。自分で払います。

F: <u>It's thanks for showing me around all day today.</u> <u>Do we pay at the table?</u>
今日1日、案内をしてくれたお礼です。支払いは席でですか？

J: <u>You pay at the counter. Take the check with you. Thanks for the meal.</u>
支払いはカウンターです。伝票を持っていってくださいね。ごちそうさまです。

CHECK!!

① ★支払いをカードでするときは、Can I ~?（~できますか？）を使い、Can I pay by card? とたずねるのが決まり文句。Can I use a credit card? でも同じ意味になります。食事に行くときは、支払いに必要なフレーズをあらかじめ覚えておきましょう。

支払いは現金で？ それともカード？
Will that be cash or charge? ············ charge（カードで支払う）

大手のクレジットカードなら使えます。（店員の代わりに説明して）
They take all major credit cards. ············ major（大手の）

② I'm sorry, but ~で「申し訳ありませんが~です」と謝罪＋説明ができます。まず I'm sorry と謝り、but（でも）の後に説明を続けるフレーズです。相手の希望通りにいかないときは、ぜひこのフレーズを！ 謝りつつも大事なことを伝えられます。

すみませんが、あなたの言っていることがわかりませんでした。
I'm sorry, but I didn't understand what you said.

すみませんが、列に並ばないと。（列に並ぶよう声をかける）
I'm sorry, but we need to wait in line. ············ wait in line（列に並んで待つ）

すみませんが、ランチタイムは終わりました。
I'm sorry, but we are finished serving lunch. ············ serve（[食事などを] 出す）

③ 「（支払いは）現金だけです」は、店が主語なので they を使い、They only take cash.（現金のみを受け取る）、「現金とクレジットカードを受け取る」は、They take cash and credit cards. です。

④ 合計額は It's ~ yen plus tax.（消費税が付いて~円です）で「消費税込み」なら including tax / with tax、「消費税抜き」なら not including tax / without tax です。

税込み1万800円です。
It's 10,800 yen including tax.

⑤★「ごちそうします」「おごるよ」なら、Let me treat you. が決まり文句。treat は「取り扱う」だけだと思っている人が多いのですが、「(食事を) ごちそうする」の意味も。It's my treat. なら「私のおごりです」となります。また It's on me. や I'll get this. も「ここは私が持ちます」と、同じような意味合いで使えます。

⑥「それは悪いですよ」と遠慮するときの定番表現が、I can't let you do that.「あなたにそんなことはさせられない」→「それは悪いです」となります。一方、「自分で払います」なら、I'll pay for myself. もしくは I'll pay for mine. です。

⑦★ thanks for +動詞の ing 形で「〜してくれてありがとう」とお礼のフレーズになります。show around で「案内する」、all day today で「今日一日中」です。

あなたの国について教えてくれてありがとう。
Thanks for telling me about your country.

英語の練習をさせてくれてありがとう。
Thanks for letting me practice my English.

⑧「支払いは席でですか?」は、「私たちはテーブルで支払いますか?」と解釈し、それを現在形の疑問文にすれば OK。ちなみに「ここで払えますよ」なら、You can pay here. です。

⑨「支払いはカウンターです」は「あなたはカウンターで支払います」と解釈し、You pay at the counter. と表現しましょう。「伝票を持っていってください」なら Take the check with you. です。「持っていく」は take with、「伝票」は check です。

⑩ごちそうになったら、Thanks for 〜 (〜をありがとう) を使い Thanks for the meal. とお礼を言いましょう。meal で「食事」です。

夕食へのご招待ありがとうございます。
Thanks for inviting me to dinner.

♥ for の後に動詞を続けるときは ing 形にします。

便利な表現

《カード支払いのフレーズを覚えよう！》

最近多いのがカードでの支払いです。お店の人の代わりに、支払い方を説明してあげましょう。

カードが使えないようです。
This machine won't accept your card.

♥「この機械があなたのカードに対応していない」→「カードが使えない」となります。

他のカードは持っていますか？
Do you have another card?

ここにサインしてもらえますか？
Could you sign here, please?

WORD BANK　支払いに必要な表現を覚えよう！

暗証番号　PIN (personal identification number) ｜（釣り銭が）多い　over ｜ 一括払い　lump-sum payment ｜ 期限切れ　expired ｜ 金額　amount ｜ 現金　cash ｜ 合計　total ｜ 支払い　payment ｜ 消費税　consumption tax ｜ 署名（サイン）　sign ｜ 税金　tax ｜（釣り銭が）足りない　short ｜ 入力する　enter ｜ 利用限度額超過　over the limit ｜ 領収書　receipt ｜ レジ　checkout counter

POINT　席＝テーブル!?

日本語では「席はありますか？」と聞きますが、それに相当する英語は Is there a table available? （テーブルは空いていますか？）です。日本語の「席」は座る場所を表すのに、英語では「テーブル」になる──英語と日本語の発想の違いがわかる表現です。では There's no room for doubt. を訳すとどうなるでしょうか？　「疑問の部屋はない」ではなく「疑う余地はない」で、room（部屋）＝スペースとなります。

Thayne's memo 3

お土産で人気が高いのは
お菓子とアニメグッズ

　日本人は「お土産」が好きですよね。日本のお土産文化は、江戸時代の「参勤交代」がきっかけともいわれています。英語で「お土産」はsouvenirでフランス語の「思い出す」が語源です。外国人にとって「お土産」とは、自分のために買う記念品という感覚で、人にあげるために買う日本人とはちょっと違うかもしれません。私も海外旅行でお土産を買うことは少なく、さらに洋服は捨ててもいい物を持っていくので、帰りの荷物は行きよりかなり少なくなります（笑）。

　でも最近の若い外国人は日本のお菓子が大好きで、友人に買って帰ることも多いようです。味が繊細で質も高く、バラエティー豊かなのがその魅力でしょう。

　お菓子以外で人気のお土産には、マヨネーズやカレールー（インド人も買って帰るとか）、インスタントラーメン（日本の物はクオリティがすごい！）、お餅（モチモチした物は欧米にはなく、カルチャーショックを受けるようです）、柚子こしょう（今、ニューヨークの一流レストランでは日本のyuzu flavorが人気）、わさび、こんにゃくゼリー（ダイエット食でこんなに美味しいなんて！）、日本酒（世界でも日本酒の評価は高まっています）、日本茶、しょうゆ（変わったflavorの物）などがあります。食べ物の他に、ポケモングッズやアニメのカプセルトイも話題です。特に100円ショップのグッズは、茶碗のような日本らしい物が手頃な価格で手に入るので大人気のようです。

CHAPTER 3
自宅への招待

友達になった外国人を自宅のパーティーに招きます。
畳や障子、和式トイレなど、
日本の生活様式に触れることができれば、
きっと喜んでもらえるはず!
家族や友人も紹介して、
さらに親交を深めていきましょう。

CHAPTER 3
自宅への招待

招待① パーティーに誘う

招待の表現を覚えよう！

◀ TRACK 25

パーティーを開いて、お客様を招待しよう！

J: Would you like to come and hang out at my place? We're having a party tomorrow.

家に遊びに来ませんか？ 明日パーティーを開くんです。

F: Really? I don't have any plans for tomorrow, so I can go.

本当ですか？ 明日は予定がないので、伺えます。

J: Okay then, please come to the west exit of Kamakura Station at 12:00. I'll meet you there.

じゃあ、12時に鎌倉駅の西口に来てください。迎えに行きます。

F: Got it. Is there anything I should bring?

わかりました。何か持っていく物はありますか？

J: No, it's fine. You don't have to bring anything.

いいえ、大丈夫です。手ぶらで来てくださいね。

F: I'm looking forward to it. I hope the weather is good.

楽しみだな。晴れるといいですね。

CHECK!!

① 「家に遊びに来ませんか？」と誘うなら、Would you like to come and hang out at my place? と声をかけましょう。Would you like to 〜? で「〜したいですか？」、come and hang out で「遊びに来る」、at one's place で「〜の自宅で」となります。

もっと気楽に「うちに来ない？」と誘うなら、Why don't you come to my place? もオススメ。Why don't you 〜? で「〜しない？」→「〜したら？」という、カジュアルな誘い文句になります。

試着したら？
Why don't you try it on?

---

② We're having a party tomorrow. のフレーズを見て、「?」と思った人はいませんか？ 「明日、私たちはパーティーを開いています」と現在進行形で訳すと違和感があります。なぜかといえば、これは「今〜している」の現在進行形ではなく、「〜します」の未来のニュアンスになるから。前後の文脈から、明らかに未来とわかる状況で現在進行形を使うと、近い未来の予定を表します。

今晩マイクと夕食をとります。
I'm having dinner with Mike tonight.
♥近い未来を表す tonight があるため、近い未来の予定になる。

あと5分で出るよ。（一緒に外出する相手に出発時間を伝える）
We're leaving in five minutes.
♥時間に対して in 〜と使うと「〜以内に」ではなく「〜後に」となることに注意。

---

③ 待ち合わせをするときは、Please come to 〜 at ...（…時に〜へ来てください）と、時間と場所をしっかり伝えましょう。「〜駅で」では駅のどこかわからないので、the west exit of Kamakura Station（鎌倉駅の西口）など具体的な場所を伝えるのがポイントです。

---

④ ★家に招待されたら、Is there anything I should bring?（何か持っていく物はありますか？）と聞くのがマナー。人の家に手ぶらで伺

わないのは、世界共通のルールでしょう。Is there anything I should ～? で「私が～する物は何かありますか?」です。Would you like me to bring anything? (何か持ってきてほしい物はある?) もほぼ同じ意味合いで使えます。

私が用意する物は何かありますか?
Is there anything I should prepare?

⑤ ④のように聞かれて「いいえ、大丈夫です」と断るなら、No, it's fine. です。It's fine. は、相手からの申し出を断るときの決まり文句で、No, don't worry about it. (いいえ、気にしないでください) も同じような意味で使えます。
また、その後は You don't have to bring anything. (何も持ってくる必要はありません→手ぶらで来てください) と続けるのがお約束。「手ぶらで来てください」を、カジュアルに Just bring yourself. (身一つで来て→手ぶらで来てね) と表現することもできます。

⑥ ★招待を受けたら、I'm looking forward to it. (楽しみだな) の一言を。be looking forward to (～ing) で「～を楽しみにしている」です。to の後に動詞を続ける場合は、ing 形にするのを忘れずに!

明日あなたに会えるのを楽しみにしています。
I'm looking forward to seeing you tomorrow.

ご連絡をお待ちしております。
I'm looking forward to hearing from you.

便利な表現

《You don't have to ～で気配りしよう!》
You don't have to ～ (～する必要はありません) は相手を気づかうフレーズです。タイミングよく効果的に使いましょう。

お礼を言う必要はありません。
You don't have to thank me.

心配する必要はありません。
You don't have to worry.

日本ではチップは必要ありません。
You don't have to tip in Japan.

tip
(チップを渡す)

《待ち合わせのフレーズ》
待ち合わせをするときは、聞き間違いに気を付けましょう。聞き取りに自信がない場合は、紙に書くことをオススメします。

何時にどこで待ち合わせをする？
What time and where do you want to meet up?

meet up
(待ち合わせる)

渋谷駅の東口で6時に会いましょう。
Let's meet at the east exit of Shibuya Station at 6:00.

WORD BANK 招待＆待ち合わせの表現を覚えよう！

会場　place｜感謝する　express one's thanks｜計画　plan｜参加費用　attendance fee｜出席する　attend｜招待状　invitation card｜招待する　invite｜到着する　arrive｜ふるって参加する　come and join｜待ち合わせ場所　meeting place｜約束する　promise｜約束を守る　keep one's word｜予約　appointment｜リマインダー（予定を再確認する機能）　reminder

POINT　come と go には要注意！

外国人観光客が「早く来て」と叫んでいます。「今行くよ」なら、どう言いますか？ ネイティブなら I'm coming. と答えるでしょう。I'm going. でも文法的に間違いではありませんが、I'm coming. のほうが英語として自然です。英語は相手目線で話す言葉のため、「相手から見て来る」なら go ではなく come を使います。パーティーに誘われて、目の前の相手に OK と伝えるなら I'll come to your party. と答えましょう。

CHAPTER 3
自宅への招待

招待② 家族を紹介する

This is 〜、Let me 〜 で紹介しよう！　◀ TRACK 26

自宅に招待して、一般的日本人のリアルな生活を見せてあげよう！

J: <u>This is my house.</u> <u>Come on in.</u> <u>Please take your shoes off here.</u>
①　　　　　　　②　　　　　　　　③
ここが私の家です。さあ、上がって。ここで靴を脱いでくださいね。

F: Oh, Japanese people take their shoes off at the entrance.
へえ、日本人は玄関で靴を脱ぐんですね。

J: <u>Let me introduce my family.</u> <u>This is my father and mother. This is Mike.</u>
④　　　　　　　　　　　　　　①
家族を紹介させてください。父と母です。こちらマイクです。

F: Nice to meet you. <u>Thanks for inviting me.</u>
⑤
はじめまして。お招きありがとうございます。

J: <u>There are four people in my family.</u> <u>My sister will be here soon.</u> <u>I'll introduce you to her</u> when she gets home. This is my friend, Akira.
⑥　　　　　　　　　　　　　⑦　　　　　　　　⑧
うちは4人家族です。もうすぐ妹も帰ってきます。帰ってきたら紹介しますね。こちらは私の友人のアキラです。

F: Hello, I'm Mike. Glad to meet you.
こんにちは、マイクです。お会いできてうれしいです。

> **CHECK!!**

① そばの人を紹介するとき This is ～で始めたように、基本的に近くのものの紹介は、人であれ家であれ This is ～で OK です。

これは家族の写真です。
This is a picture of my family. ········· picture of ～
で「～の写真」

ここが私の勤務先です。
This is where I work.
♥ where I work で「私が働いている場所」→「勤務先」となります。

---

② ドアを開けてお客さまへ最初に言うフレーズは、Come on in.(さあ、上がって)でしょう。Come in. だと「中に入って」と入室を促すだけですが、on が入ることで「さあ、中にどうぞ上がって」と、グイッと室内へと招き入れるニュアンスが加わります。

---

③ 欧米では家の中でも靴を履いたままですから、必ず Take your shoes off here. と伝え、「日本の家は靴を脱いで上がる」というマナーを教えてあげましょう。最近バリアフリーの家が増え、三和土のない家もあるようですが、外国人観光客は日本ならではの「レアな体験」をしたくて来日しています。日本独自の習慣は、ぜひ経験させてあげましょう。

靴は玄関に置いたままでいいですよ。
You can just leave your shoes in the *genkan*.
♥ 脱いだ靴を置きっぱなしにすることへ抵抗のある外国人もいるので、ぜひこの一言を。

---

④「～しましょう」「～させてください」と声をかけるなら、Let me ～ を使いましょう。謙虚な言い回しのため、言われた側も気分がよくなります。

ご案内しましょう。(店内などを案内するときに)
Let me show you.

いくつか例を挙げましょう。（何かを説明するときに）
Let me give you some examples.

⑤ 自宅やパーティーに招待されたら、まずは Thanks for inviting me. とお礼を言うのを忘れずに。Thanks for 〜（〜をありがとう）で始まるお礼の言葉には、次のようなものもあります。

遠くからわざわざありがとう。
Thanks for coming all the way.

all the way（わざわざ）

ご招待ありがとうございます。
Thanks for your invitation.

invite（招待する）の名詞形が invitation（招待）

お招きありがとうございます。
Thanks for having me.
♥帰り際にお礼を言うならこれを。

⑥ 何人家族かを紹介するなら、There are 〜 people in my family. で「うちの家族には〜人います」→「うちは〜人家族です」となります。

私のクラスには30人の生徒がいます。
There are 30 students in my class.

⑦ 〜 will be here soon で「もうすぐ〜はここに来ます」「もうすぐ〜です」となります。英語では be 動詞ですが、日本語では「来ます」と表現することもあります。

もうすぐ春です。
Spring will be here soon.

⑧「A を B に紹介する」なら introduce A to B、「自己紹介する」なら introduce oneself です。

家族に紹介しましょう。（招待客を家族に引き合わせて）
I'll introduce you to my family.

自己紹介します。（自己紹介を始めるときの決まり文句）
I'll introduce myself.

便利な表現

《日本の家を案内する》
国ごとに習慣は違いますから、日本の家に入ってからの動作を一つずつ丁寧に教えてあげましょう。

スリッパをどうぞ。
Please put on these slippers.

> put on（身に着ける）

トイレでは、トイレ専用のスリッパに履きかえます。
In the bathroom, we put on the bathroom slippers.

> bathroom（トイレ、浴室）

この座布団に座ってください。
Please sit on this cushion.

> cushion（クッション→座布団）

くつろいでください。（足を楽にしてもらうときに）
Please relax.

> relax（くつろぐ）

WORD BANK 和風建築の表現を覚えよう！

裏庭 backyard｜縁側 veranda｜勝手口 back door｜瓦 tile｜書斎 study room｜茶室 tea room｜床の間 alcove｜土塀 clay wall｜土間 dirt floor｜中庭 central courtyard｜日本家屋 Japanese-style house｜引き戸 sliding door｜平屋 flat building｜木造家屋 wooden house｜和室 Japanese-style room｜和風建築 Japanese-style architecture

POINT 靴を脱ぐということ

玄関で靴を脱ぐのは、欧米人にとってかなり勇気のいる行為です。そもそも家の入り口で靴を脱ぐ習慣がないので、欧米の玄関には靴箱もありません。ぜひ「ここで靴を脱いでください」と教えてあげましょう。また日本人が「廊下用スリッパ」「トイレ用スリッパ」「ベランダ用サンダル」と、家の中で次々と履物を替えるのも、よく驚かれることの一つです。グローバル化が進む現在、「日本の常識＝世界の常識」ではないことを肝に銘じましょう！

CHAPTER 3 自宅への招待

招待③　室内を案内する

be made of / from を使いこなそう！　◀ TRACK 27

日本独自の物の名前や素材、特徴を説明しよう！

J: Is this your first time in a Japanese house?
日本の家は今回が初めてですか？

F: Yes, it is. What's the floor made of?
はい、そうです。床は何でできていますか？

J: This is *tatami*. It's made of woven straw. And those are *shoji*, doors made of paper and wood.
これは「畳」です。草を編んで作った物です。そしてそれが「障子」、紙と木でできたドアです。

F: Wow, Japanese houses use a lot of wood.
へえ、日本の家は木をたくさん使うんですね。

J: Right. You can remove *shoji* and *fusuma*, so it's very convenient. And this is a Japanese toilet. You squat to use it.
そうです。「障子」や「ふすま」は取り外しができるから、とても便利ですよ。そしてこれが日本のトイレ。しゃがんで使うんですよ。

F: What, really? Wow, I've never seen a toilet like that!
え、そうなんですか？　へえ、そんなトイレは見たことがない！

①「〜は今回が初めてですか?」と初めての経験かどうかを聞くなら、Is this your first time 〜 ? です。見知らぬ人との会話のきっかけとしてもよく使われるフレーズです。

今日が日本の最終日ですか?(帰国する日に)
Is this your last day in Japan? ……… first day なら「初日」

こういう食べ物についての話は今回が初めてですか?
Is this your first time hearing about this kind of food?
♥ 発酵食品のような日本独自の食文化を説明するときに。

着物を着るのはこれが初めて?
Is this your first time wearing a *kimono*?
♥ Is this your first time の後に動詞を続けるなら、ing 形にしましょう。

②★外国人観光客は、初めて見る物に興味津々。What is/are 〜 made of? で「〜は何でできていますか?」となり、どんな素材からできているか聞くことができます。

その靴は何でできていますか?(草履を見て)
What are those shoes made of?

CHECK!!

③②の What is/are 〜 made of? (〜は何でできていますか?) という質問に対しては、まずその名称を伝えてから素材を教えるといいでしょう。

それは草履です。草を編んでできた物です。
They are *zori*, shoes made of woven straw. ……… woven straw（編んだ草）

ちなみに be made of は素材を表しますが、be made from なら原料を表します。「何でできているか、外見からわかる物」が素材（be made of）、「形状が変わり、元が何かわからなくなった物」が原料（be made from）と考えるといいでしょう。

これは竹でできた箸です。
These are chopsticks made of bamboo. ……… bamboo（竹）

これは綿でできた気軽な夏の着物です。（浴衣を説明して）
This is a casual summer *kimono* made out of cotton.
♥ be made out of ～だと「主な素材として～で作られている」というニュアンスに。

日本酒は米からできています。
Sake is made from rice.

これは豚の骨から作ったダシです。（豚骨スープを説明して）
This is a broth made from pork bone.

④ ★表情を付けて Wow（ワオ）と驚くと、とてもネイティブらしい表現になります。日本人は大げさなリアクションを恥ずかしがりますが、実際のところ「大げさなのが英語」です。遠慮なく Wow や Oh, really? などと驚きましょう！

⑤「だから」と理由を表すのに、おそらくネイティブが一番よく使うのは so です。since や because もありますが（P107、108参照）、since は意味が曖昧で、because では表現が堅過ぎることから、ネイティブは好んで so を使います。発音も簡単なのでオススメです。

ちゃぶ台は畳んで持ち運びできるので、とても便利です。
The *chabudai* table can be folded up and moved, so it's really convenient.

日本の家は狭いので、布団をしまうことで部屋を効率よく使います。
Japanese houses aren't so big, so we make full use of the room by putting away the *futon*.

⑥ ★「～したことがない」と初めての経験を伝えるなら、現在完了形の否定形、I've never + 過去分詞を使いましょう。

私はたらこを食べたことがない。
I've never eaten cod roe.

cod roe
（たらこ）

そんなお風呂は見たことがない。
I've never seen a bath like that.

便利な表現

《和式トイレの使い方を説明しよう》

和式トイレを初めて見る外国人もいるはず。丁寧に使い方を教えてあげましょう。

トイレは洋式と和式の2種類があります。

There are two kinds of toilets: Western sit-down toilets and Japanese squat toilets.

squat
(しゃがむ)

温水洗浄便座は使ったことがありますか?

Have you ever tried a toilet seat with bidet functions?

bidet
(温水洗浄便座)

この便座は温かくなりますし、お尻を洗うこともできます。

These toilet seats heat up and you can wash your bottom.

和式のトイレでは、便器の上にしゃがんで用をたします。

With the Japanese style, you squat down over the toilet.

WORD BANK 家の中の物の表現を覚えよう!

押入れ closet | 帯 *obi* belt | 神棚 home shrine | 靴箱 shoe closet | 下駄 *geta* sandals | 草履 straw sandals | 竹 bamboo | 畳 straw mat | 天袋 top of the closet | 襖 sliding door | 布団 *futon* | 仏壇 Buddhist altar | 訪問着 visiting *kimono* | 浴衣 *yukata* robe | 洋式トイレ Western sit-down toilet | 和式トイレ Japanese squat toilet | 囲炉裏 *irori* fireplace | 掛け軸 hanging scroll

POINT 畳は *tatami*? straw mat?

一番困るのが、「英語で畳は?」という質問です。着物(*kimono*)や寿司(*sushi*)といった「すでに日本語のまま海外でも通じる言葉」はそのままでOKですが、困るのは畳や襖のように「海外ではあまりメジャーでない物」です。*tatami* と日本語の呼び名を教えてもいいですし、straw mat(草でできたマット)と英語に言い換えてもいいでしょう。「定訳のない物をどう訳すか?」これは翻訳に携わる者の、永遠の悩みでしょう。

CHAPTER 3 自宅への招待

別れ① 旅の感想を聞く

What did you ~ the most/best? で感想を聞く

TRACK 28

さまざまな質問で、日本の感想を引き出そう!

J: **How was your trip around Japan?**
日本の旅はどうでしたか?

F: **It was amazing. Other than just sightseeing, I also got to experience the culture,** so it was a good experience.
感激しました。ただ観光するだけでなく、文化に触れることもできていい経験になりました。

J: **Did you have any problems?**
何か困ったことはありましたか?

F: I couldn't talk to people in English, so it was difficult. I'll study Japanese before I come again.
英語で話しかけることができなくて困りました。今度は日本語を勉強してからきます。

J: **What did you enjoy the most?**
一番楽しかったことはなんですか?

F: To be honest, **I liked shopping in Harajuku the best.** I bought a lot of *anime* merchandise!
実を言うと、原宿での買い物が一番よかったです。アニメグッズをいっぱい買いました!

カタカナ英語クイズ Q30 ロードショーを英語で言うと?

① 感想を聞く一番簡単なフレーズが、How was ～？（～はどうでしたか？）です。「どう?」という当たり障りのない質問なので、これなら相手も答えやすいでしょう。さまざまな応用表現があります。

今日はどうでした？（一日の終わりに）
How was your day?

飛行機の旅はどうでした？（飛行機の到着後）
How was your flight?

食べ物はどうでした？
How was the food?

「日本はどうでしたか?」と全体的なことをたずねるなら、微妙にニュアンスは異なりますが、次のような聞き方もできます。

日本はどうでしたか?
How did you like Japan?

日本のどこが気に入りましたか?
Which part of Japan did you like?

② ★ amazing =「驚く」しか知らない人も多いようですが、ネイティブはさまざまな意味で使います。「すごい」「素晴らしい」といったポジティブなニュアンスがあるので、相手からも喜ばれます。

③ Other than ～で「～以外にも」、get to experience で「経験するようになる」です。

ただ観光するだけでなく、日常生活も経験できました。
Other than just sightseeing, I also got to experience daily life.

④ おもてなしの相手には、折に触れて「何か困ったことはありましたか?」といった声をかけてあげましょう。Was there anything you had trouble with? も、同じように使えます。

CHECK!!

⑤「一番〜な物は何ですか?」とたずねるなら、What did you 〜 the most/best? です。日本で気に入った場所、気に入った食べ物などを聞き出しましょう。

一番気に入った観光スポットはどこですか?
What sightseeing spot did you like the most?

> sightseeing spot
> (観光スポット)

♥ Where did you like the best? (どこを一番気に入りましたか?) と where を使っても同じような意味になります。

一番気に入った食べ物は何ですか?
What food did you like the best?

⑥ ★「〜が一番気に入りました」なら I liked 〜 the best. です。like の後に動詞を続けるなら、ing 形にしましょう。

お餅が一番気に入りました。(食べ物で何を気に入ったか聞かれて)
I liked *mochi* the best.

秋葉原でコスプレをするのが一番気に入りました。
I liked cosplaying in Akihabara the best.

⑦「アニメグッズ」など、日本人は「〜グッズ」という言葉をよく使いますが、英語にするなら「商品、製品」を意味する merchandise を使うといいでしょう。*manga* merchandise (漫画グッズ) や comic merchandise (コミックグッズ) といった言葉もあります。

何のアニメグッズを持っていますか?
What *anime* merchandise do you own?

> own
> (所有する)

どのアニメグッズに一番お金を使いますか?
What *anime* merchandise do you spend the most on?

便利な表現

《別れ際に日本の感想を聞こう》
日本で何を見てどう思ったか、最後に本音を聞き出しましょう。

日本で驚いた物は何ですか?
What surprised you about Japan?
♥「日本のことで何があなたを驚かせましたか?」と解釈(かいしゃく)して英訳しましょう。

今までのところ、一番の思い出は何ですか?
What's your best memory so far?

> so far
> (今までのところ)

日本で何が一番に気に入りましたか?
What do you like the most about Japan?

日本ではどこへ行きましたか?
Where did you go in Japan?

WORD BANK 日本を表現する言葉を覚えよう!

安全な safety | 火山国 volcanic country | 極東 the Far East | きれいな clean | 工業国 industrial country | 国際社会 international community | 時間通りの punctual | 地震(じしん)国 earthquake-prone country | 主要国 major country | 親切な kind | 水産国 fishing country | 先進国 advanced country | 被爆(ひばく)国 nation that was the victim of atomic bombs | 平和 peace

POINT これが不便だよ日本!

日本の「長過ぎる駅名」は、外国人には考えものです。「新宿三丁目(Shinjuku-sanchome)」で待ち合わせしたのに Yotsuya-sanchome(四谷三丁目)の看板を見て電車から降りてしまい、次の Shinjuku-gyoenmae(新宿御苑前)で再びうっかり下車、その次の Shinjuku-sanchome(新宿三丁目)は文字を読んでいる間にドアが閉まった……なんて経験も。外国人が日本に住むには、動体視力を鍛(きた)える必要があります。

CHAPTER 3
自宅への招待

別れ② 別れの挨拶

Would you mind 〜 ? で謙虚なお願い

◀ TRACK 29

最後ですから気持ちよくお見送りしましょう。忘れ物の確認も忘れずに!

F: <u>Thank you for</u>① everything. It was really fun.
いろいろありがとう。とても楽しかったです。

J: <u>I'm glad you enjoyed it.</u>② <u>Would you mind telling me your birthday?</u>③ I'd like to send you a card.
楽しんでくれてよかったです。よかったら誕生日を教えてくれますか? バースデーカードを送りたいです。

F: Okay, let me write it down. Could you tell me your e-mail, address, and phone number?
ええ、何かに書きましょう。メールアドレスと住所、電話番号を教えてもらえますか?

J: Of course. <u>Do you have all your things?</u>④
もちろん。忘れ物はないですか?

F: Yes. <u>Thank you for</u>① your kindness. I'd like to bring a friend next time.
はい。親切にしてくれてありがとう。今度は友達も連れてきたいです。

J: Great, <u>I'm looking forward to it.</u>⑤ <u>Let's definitely meet again</u>⑥ sometime. Have a nice trip!
いいですね、楽しみにしています。ぜひまた会いましょう。いい旅を!

① ★ Thank you for ～で「～してくれてありがとう」というお礼のフレーズになります。日本人は口下手ですが、外国人にはぜひ言葉にしてお礼を言いましょう。喜ばれますよ。

いろいろとしてくれてありがとう。
Thank you for all you've done.

空港まで車で送ってくれてありがとう。
Thank you for driving me to the airport.

drive ＋目的語＋ to ～（～まで…を車で送る）

♥ for の後に動詞を続ける場合、ing 形にしましょう。

② I'm glad ～で「～してよかった」と喜びを表します。こう言われたら、言われた側も間違いなくうれしくなるでしょう。

気に入ってくれてよかった。
I'm glad you like it.

来てくれてよかった。
I'm glad you could make it.

make it（都合がつく）

CHECK!!

③「よかったら～してくれますか?」なら、Would you mind ～？がオススメ！ mind には「気にする」という意味があり、Would you mind ～？の直訳は「～を気にしますか?」ですが、そこから転じて「よかったら～してくれますか?」という謙虚なお願いになります。

もっとゆっくり話してもらえますか?
Would you mind speaking more slowly?

♥ mind の後の動詞は ing 形です。

名刺を差し上げてもよろしいでしょうか?
Would you mind if I gave you my business card?

♥ Would you mind if ～？で「もし～したら気にしますか?」→「～してもいいですか?」となります。

Would you mind ～？で聞かれたら、注意が必要です。本来の意味は「～したら気にしますか?」なので、「気にしない（大丈夫）」な

ら No、「気にする（嫌だ）」なら Yes と返事をします。日本語の感覚と異なりますから、気を付けて下さい。

フェイスブックで友達になってくれますか？
Would you mind becoming my friend on Facebook?

→全く問題ありません（大丈夫です）。
　No, not at all.

→はい、気にします（嫌です）。
　× **Yes, I would.**
　　　↓
　できたらそうしないでほしいな。
　○ **I'd rather not.**

♥断る場合、Yes, I would. だとキツい言い方になるので、I'd rather 〜（できたら〜がいい）がいいでしょう。

---

④人を見送る際の決まり文句です。**Do you have all your things?** で「自分の物は全部持ちましたか？」→「忘れ物はない？」となります。

---

⑤「〜を楽しみにしています」なら、挨拶の定番表現 **I'm looking forward to 〜**を使いましょう。

また会えるのを楽しみにしています。（別れの定番表現）
I'm looking forward to seeing you again.

あなたのお考えを聞かせてもらうのを楽しみにしています。
I'm looking forward to hearing what you think.

東京オリンピックを楽しみにしています。
I'm looking forward to the Tokyo Olympics.

---

⑥ **Let's definitely meet again.** で「ぜひまた会いましょう」という別れ際の決まり文句になります。**definitely** で「ぜひ」なので、**Let's definitely 〜**で「ぜひ〜しましょう」という勧誘の言葉になります。

ぜひ連絡を取り合いましょう。
Let's definitely keep in touch.

keep in touch
（連絡を取り合う）

ぜひ会いましょう。
Let's definitely get together.

> get together （会う）

便利な表現

《別れ際のやり取り》

日本のいい思い出が残るよう、心づくしの言葉をかけて見送りましょう。

出口まで見送りましょう。
Please let me show you to the door.

日本での滞在を楽しんでくれたのならいいんだけど。
I hope you enjoyed your stay in Japan.

また会えるといいですね。
Hope to see you again.

WORD BANK 日本の風物詩の表現を覚えよう！

正月　New Year's holidays｜成人式　coming-of-age ceremony｜節分　the day before the beginning of spring｜ひな祭り　the girls' festival｜春分の日　Vernal Equinox Day｜端午の節句　the boys' festival｜七夕　the Star Festival｜秋分の日　Autumnal Equinox Day｜体育の日　Sports Day｜七五三　the Seven-Five-Three Festival｜大晦日　New Year's Eve

POINT 2020年オリンピックに向け

アメリカから日本への、最大の輸出品は何でしょう？　それは「英語」です。英会話の先生やテキスト代、DVD代など、毎年相当額を英語の語学学習に支払う日本は、世界有数のお得意さまといえます。他のアジア諸国が「英語を話せなければ食べていけない」のに対し、経済的なゆとりからか、日本人は英語学習に延々とお金をつぎ込みます。このままでいいですか？　Noですよね？　さあ、今こそ本気で英語に取り組みましょう！

Thayne's memo 4

「こわい」は差別につながる
リラックスしてふつうに相手と接しよう

　挨拶は日本人にとって礼儀ですが、アメリカ人にとっては「自分は危険な人物ではありませんよ」というメッセージで、安全確認の意味もあります。そのため目が合っても挨拶をしない人は、危険人物として警戒される可能性も。

　警戒といえば、カフェなどで外国人が隣に来ると、「話しかけられたら困るな。こわいな」と席を替わる人もいますが、自分がそんなことをされたらさみしいですよね。英語で何か聞かれてわからなければ Sorry, I don't know.（すみません、わかりません）と言うだけでいいのに……。たとえその態度が英語への苦手意識からくるとしても、外国人を「こわい」と思う感情は差別につながります。

　そんな感覚を克服するには、もっと大勢外国人のいる場へと飛び込むしかありません。高い場所がこわいなら高い場所に慣れるしかないですし、ヘビが嫌いならヘビと思い切り遊ぶしかありません。「こわい」という感情は、自分と異なるものへの本能的な反応かもしれませんが、それを克服するのが、私たち人類の大きな課題の一つではないでしょうか。

　また外国人だからといって、へんに優遇されるのも違和感があります。相手の文化にあえて合わせる必要はなく、日本では日本流の接し方でいいのです。自分がリラックスしていれば相手もリラックスできますし、こちらが緊張していたら相手も身構えてしまうでしょう。外国人には、「気軽に」「自然に」接することが一番大事なのです。

CHAPTER
4
日本の紹介

「外国人が知りたい日本のこと」という視点で、
日本文化を英語で表現してみました。
「日本人なのに、こんなこと知らなかった！」というものも!?
興味のある分野を見つけて情報収集すれば、
日本を再発見でき、案内にも役立ちます。

※ここで紹介する例文は、外国人でもわかりやすい
シンプルな表現にしてあります。

CHAPTER 4
日本の紹介

カルチャー
culture

日本のアニメや漫画で何が好きですか？	What Japanese *anime* and *manga* do you like?
漫画はとても人気のある日本のポップカルチャーの一部です。	*Manga* is a very popular part of Japanese pop culture.
漫画やアニメは芸術としてとらえられています。	*Manga* and *anime* are considered to be art.①
「セーラームーン」や「NARUTO」で日本語を覚えた外国人が大勢日本にやってきます。	A lot of foreigners come to Japan after learning Japanese from *Sailor Moon* and *NARUTO*.
レアル・マドリードの監督ジダンは、「キャプテン翼」のおかげでサッカーを始めました。	Real Madrid manager Zidane started playing soccer because of *Captain Tsubasa*.
最近は漫画の舞台を訪れる外国人が増えています。	More and more foreigners are going to see the places where their favorite *manga* are set.
子供も大人も宮崎駿のアニメを愛しています。	Both children and adults love Hayao Miyazaki's *anime* movies.
宮崎駿のファンなら、「三鷹の森ジブリ美術館」をオススメします。	If you are a fan of② Hayao Miyazaki, I recommend③ going to the Ghibli Museum, Mitaka.

① be considered to be 〜（〜と考えられている） ② a fan of 〜（〜のファン）
③ recommend（すすめる）

ポケモンのお土産を買うなら、ポケモンセンターに行くといいですよ。	If you want to buy Pokémon souvenirs, I recommend going to the Pokémon Center.
「ゆるキャラ」とは、「ゆるいマスコットキャラクター」の略です。	The word *yurukyara* stands for "Yurui mascot character."
「ゆるキャラ」は地方や企業のPRに使われています。	*Yurukyara* are used to promote local areas and businesses.
秋葉原はアニメやアイドル、ゲームなどを愛する「おたく」の聖地です。	Akihabara is a center for people called *otaku* who love *anime*, idols and video games.
コスプレイヤーを見たいなら、秋葉原に行きましょうか？	If you want to see cosplayers, how about going to Akihabara?
秋葉原には、メイドカフェだけでなくガンダムカフェもあります。	There are maid cafés as well as a GUNDAM café in Akihabara.
原宿にはたくさんの「かわいい物」が売られています。	There are a lot of *kawaii* goods for sale in Harajuku.
凝った衣装とメイクをした日本のロックバンドは「ビジュアル系」と呼ばれています。	Japanese rock bands that dress up and wear a lot of makeup are called *visual-kei*.
ビジュアル系バンドで最初に世界的に有名になったのはX JAPANでした。	The first *visual-kei* band to become famous around the world was X Japan.
LUNA SEAやL'Arc~en~Cielは、今も海外で人気です。	Bands like LUNA SEA and L'Arc~en~Ciel are still popular overseas.

④ souvenir（土産物） ⑤ stand for ～（［略語などが］〜を表す）
⑥ local area（地方） ⑦ center（中心［聖地］） ⑧ cosplayer（コスプレをする人、コスプレイヤー）
⑨ *visual-kei*（ビジュアル系のバンド）

CHAPTER 4
日本の紹介

忍者・侍・芸者
ninja, samurai, geisha

「忍者」は実際に 15 〜 16 世紀、日本に存在していました。	*Ninja* actually existed in the 15th to 16th century in Japan.
残念ながら、今はもう本物の忍者は存在しません。	Unfortunately there are no real *ninja* today.
忍者は三重県の伊賀地方に多く存在していました。	There were a lot of *ninja* in the Iga area of Mie Prefecture.
忍者はスパイのような役目を果たし、ときに敵と戦うこともありました。	*Ninja* played the role of spies, and sometimes fought the enemy.
忍者の戦術を「忍術」と言い、特別な武器を使って戦いました。	The *ninja*'s fighting art is known as *ninjutsu*, and they fought with special weapons.
忍者は代々その家系に伝わる仕事でした。	Being a *ninja* was a job passed down through family lines.
「侍」とは、武芸を身に付けて刀を持ち、大名などに仕えた役人のことです。	A *samurai* was a person who learned martial arts, carried a sword, and served a feudal lord.
「侍」という語は、「人に仕える」という意味の言葉でした。	The word *samurai* meant "to serve someone."

① exist（存在する）　② play the role of 〜（〜の役目を果たす）　③ fight the enemy（敵と戦う）
④ weapon（武器）　⑤ family line（家系）　⑥ martial arts（武道）　⑦ sword（刀）
⑧ feudal lord（大名、藩主）　⑨ serve（仕える）

| 侍は腰に刀を差し、「ちょんまげ」という髪型をしていました。 | The *samurai* kept a sword at their hip, and wore their hair in a style known as *chonmage*. |

| 侍は、1876年に出された「廃刀令」の後、いなくなりました。 | The *samurai* vanished after the "Abolishment of Sword Carrying Law" was passed in 1876. |

| 日本は、19世紀の半ばまで200年間ほど鎖国していました。 | For 200 years until the mid-19th century, Japan had an isolationist policy. |

| 日本刀や鎧、兜を見たければ、東京国立博物館を訪れるといいでしょう。 | If you want to see Japanese swords, armor and helmets, you should visit the Tokyo National Museum. |

| 刀は「武士の魂」として非常に重要な物とされてきました。 | The sword was said to be essential as the "soul of the warrior." |

| 20世紀の初め頃まで、男性も女性もよく着物を着ていました。 | At the beginning of the 20th century, both men and women often wore *kimono*. |

| 現在、着物はお正月や結婚式、成人の日などの特別なときによく着ます。 | In modern times, *kimono* are often worn for special occasions like New Year's, weddings and Coming of Age Day. |

| 芸者とは、舞踊や音楽などで客をもてなす女性のことです。 | A *geisha* is a woman who entertains guests with dancing and music. |

| 有名な温泉地に行けば、今でも芸者さんに会えます。 | If you go to a famous *onsen* area, you can still meet *geisha* there. |

⑩ vanish（消える）　⑪ isolationist policy（孤立政策［鎖国政策］）　⑫ essential（必要不可欠の）
⑬ warrior（武士）　⑭ occasion（機会）

CHAPTER 4
日本の紹介

相撲・歌舞伎
sumo, kabuki

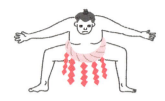

東京で相撲を見るなら、両国にある国技館に行くといいですよ。	If you want to watch *sumo* in Tokyo, you should go to the stadium in Ryogoku.
相撲はレスリングに似た、昔から日本にあるスポーツです。	*Sumo* is an old Japanese sport <u>similar to</u> wrestling.①
相撲をとる人を「力士」といいます。	*Sumo* wrestlers are called *rikishi*.
力士は太るために「ちゃんこ鍋」という栄養満点な食事をとります。	*Sumo* wrestlers eat a highly <u>nutritious</u> food called *chanko nabe* to <u>gain weight</u>.② ③
相撲の取り組みは毎日はやっていません。事前に調べたほうがいいですよ。	*Sumo* matches aren't held everyday. It's best to check <u>in advance</u>.④
力士になるには身長167センチ以上、体重67キロ以上なければいけません。	You have to be over 167 centimeters tall and over 67 kilos to become a *sumo* wrestler.
力士の髪型は、大きな銀杏の葉に似せて作ったちょんまげです。	Their hairstyle is a <u>topknot</u> that is made to look like a big ginkgo leaf.⑤
力士は全部で630人くらい、そのうち外国人力士は35人※くらいです。	There are about 630 *sumo* wrestlers, and about 35 of them are foreigners.

① be similar to ～（～に似ている）　② nutritious（栄養のある）　③ gain weight（太る）
④ in advance（事前に）　⑤ topknot（ちょんまげ）
※2017年1月現在

一番強い力士は「横綱」といいます。	The strongest sumo wrestler is called *yokozuna*.
歌舞伎を見るなら、銀座の歌舞伎座に行くといいですよ。	If you want to watch *kabuki*, you should go to the Kabukiza in Ginza.
歌舞伎のチケットは高額ですが、一幕だけなら安いです。	*Kabuki* tickets are expensive, but it's cheap to watch only one act.
歌舞伎は音楽、踊り、芝居が入った伝統芸能です。	*Kabuki* is a traditional performance art that with music, dancing and drama.
歌舞伎は17世紀の初めに始まりました。	*Kabuki* started at the beginning of the 17th century.
はじめ歌舞伎は女性によって演じられましたが、今では男性のみで演じられます。	At first *Kabuki* was performed by women, but now it's only performed by men.
歌舞伎役者の芸名は、代々受け継がれていきます。	The stage names of *kabuki* actors have been passed down through generations.⑥
歌舞伎の衣装はとても華やかで手が込んでいます。	*Kabuki* costumes are very elaborate⑦ and gorgeous.⑧
隈取りの化粧は、その役の性格を表現しています。	The shade of makeup represents the personality of each character.
物語の重要な部分で、歌舞伎役者は目を見開いてにらみ、ポーズをとったりします。	At important points in the story, *kabuki* actors open their eyes wide, glare⑨ and make a pose.

⑥ be passed down through generations（代々受け継がれている）　⑦ elaborate（精緻な）
⑧ gorgeous（豪華な）　⑨ glare（にらむ）

CHAPTER 4

日本の紹介

四季の伝統行事
traditional seasonal events

1年の初めは「お正月」といい、新しい年の始まりをお祝いします。	The first day of the year is known as *oshogatsu*, and is a celebration of the beginning of the new year.
お正月の間は「おせち料理」や「お雑煮(ぞうに)」という特別な料理を食べます。	During the New Year's holidays, we eat special food such as *osechi* and *ozouni*.
お正月、子供たちは特別な封筒(ふうとう)に入ったお金「お年玉」をもらいます。	During New Year's, children receive *otoshidama*, which is money in special envelopes.
2月3日は「節分」です。家から鬼(おに)を追い出し、厄除(やくよ)けのために年齢(ねんれい)と同じ数だけ豆を食べます。※	February 3 is *setsubun*. We drive out demons① from the house and eat the same number of beans as our age to ward off evil②.
3月3日はひな祭りで女の子の日として知られています。女の子(にん)の健康を願い、ひな人形(ぎょう)(かざ)を飾ります。	March 3 is known as *Hina Matsuri* or Girl's Day. We pray for③ the health of girls and display④ *hina* dolls.
春、桜の花が咲くと「お花見」というパーティーを開きます。食べたり飲んだりしながら、美しい桜を楽しみます。	In spring, the cherry blossom trees bloom and we have parties called *ohanami*. We enjoy the beautiful trees while eating and drinking.
5月5日は「端午(たんご)の節句」という男の子の日です。男の子の健康を祝い、鯉(こい)のぼりや人形を飾ります。	May 5 is Boy's Day called *Tango no Sekku*. We pray for the health of boys and display carp streamers and dolls.

① demon(悪鬼[鬼を意訳])　② ward off evil(厄除けをする)　③ pray for 〜(〜のために祈る)
④ display(飾る)

※ 年によって節分の日付は異なります。

カタカナ英語クイズ **A33** electronic(microwave) oven

8月中旬には「お盆」があります。火を焚いて先祖の霊を迎え、花や食べ物が供えられます。	Mid-August is *obon*. Fires are lit to welcome the spirits of ancestors and offerings of flowers and food are made.
7月7日は「七夕」です。人々は小さな紙に願い事を書き、それを竹に吊るします。	July 7 is *tanabata*. People write wishes on little pieces of paper and hang them from bamboo trees.
8月には花火大会や夏祭りがたくさん開かれます。	There are a lot of fireworks displays and other summer festivals in August.
秋は「お月見」を楽しみます。月にススキやお団子などのお供え物をするんです。	In autumn, people enjoy moon-viewing. Pampas grass and dumplings are offered to the moon.
3歳と7歳の女の子、3歳と5歳の男の子のために「七五三」というお祝いをします。	For 3 and 7-year old girls and 3 and 5-year old boys, there's a celebration called *shichi-go-san*.
子供たちは七五三で着物を着ます。そして長生きするように特別な飴をもらいます。	Children wear *kimono* for *shichi-go-san*. They pray for a long life and receive special candy.
日本人は、宗教に関係なくクリスマスを楽しみます。	Japanese people enjoy Christmas as a non-religious holiday.
クリスマスにはパーティーを開き、ケーキを食べたりプレゼントを交換したりします。	At Christmas, people have parties, eat cake and exchange presents.
1年の終わりの12月31日は、大晦日といいます。	The last day of the year, December 31st, is known as *oomisoka*.

⑤ lit<light の過去形（火を灯す）　⑥ spirits of ancestors（先祖の霊）　⑦ offerings（供物）
⑧ firework（花火）　⑨ celebration（お祝い）　⑩ non-religious（宗教的ではない）
⑪ exchange presents（プレゼントを交換する）

CHAPTER 4
日本の紹介

国内旅行関連
traveling

日本国内を長距離移動するには、飛行機か新幹線に乗るのが一番です。	For long-distance travel within Japan, flying or taking the bullet train is best.
新幹線とは、ほぼ時速200キロ以上で走る高速鉄道のことです。	Bullet trains are high-speed trains that mostly travel over 200 kilometers per hour.
本州と北海道、九州は新幹線で移動できます。	Bullet trains operate in Honshu, Hokkaido and Kyushu.
安く日本を旅行するなら、夜行バスが一番です。	If you want to travel around Japan cheaply, overnight buses are best.
日本は交通網がとても発達しているので、たいていの場所は公共交通機関で行けます。	Transport in Japan is well-developed, so you can get to most places using public transport.
日本人は電車の中でもどこでもよく眠ります。とても安全だからでしょう。	Japanese people can easily sleep anywhere, including on trains. It's probably because it's very safe.
安い宿を探しているなら、場所によって「民泊」もできます。	If you're looking for cheap accommodations, *minpaku* are available depending on the location.

① long distance travel（長距離旅行） ② bullet train（= *Shinkansen*；新幹線）
③ operate（作動する、運転する） ④ overnight bus（夜行バス） ⑤ well-developed（よく発達している）
⑥ public transport（公共交通機関） ⑦ accommodation（宿泊施設） ⑧ depend on ～（～次第である）

いかにも日本らしい宿に泊まりたいなら、ホテルより民宿がオススメです。	If you want to stay in typically Japanese-style accommodations, I recommend *minshuku*.
電車で長旅をするなら、駅弁を食べるといいですよ。	If you are going on a long train journey, *eki-ben* are good to eat.
駅弁は、駅か電車の車内で売っています。	*Eki-ben* are lunch boxes sold at stations or on trains.
駅弁は、各地の名産品を使っている物が多いです。	Many *eki-ben* are made with local specialty ingredients.⑨ ⑩
温泉に入ったことはありますか？ 温泉付きの宿もあります。	Have you ever tried an *onsen*? Accommodations that include an *onsen* are also available.
刺青のある人は、温泉に入れないかもしれません。事前に確認したほうがいいですよ。	People with tattoos⑪ may not be able to use *onsen*. You should check beforehand.⑫
たいてい温泉にはタオルや石鹸、シャンプー、浴衣などは揃っています。	*Onsen* usually provide⑬ things like towels, soap, shampoo and *yukata* robes.
人とお風呂に入るのが嫌な人には、貸切にできる温泉もあります。	For people who don't want to bathe⑭ with strangers, you can also pay for private *onsen*.
雪を見たいなら、冬に東北や北海道へ行くといいでしょう。	If you want to see snow, you should go to Tohoku or Hokkaido during winter.
沖縄なら、沖縄美ら海水族館が海外旅行客に人気です。	If you're in Okinawa, the Okinawa Churaumi Aquarium is popular with foreign visitors.

⑨ local specialty（名産） ⑩ ingredient（材料） ⑪ tattoo（刺青） ⑫ beforehand（事前に）
⑬ provide（提供する） ⑭ bathe（入浴する）

CHAPTER 4　日本の紹介 国内旅行関連

CHAPTER 4 日本の紹介

世界遺産
world heritage sites

日本の世界遺産は 20 件です。文化遺産が 16、自然遺産が 4 件です。（2017 年 1 月現在）	Japan has 20 World Heritage Sites. Sixteen are cultural and four are natural. (As of January 2017)
北海道の知床(しれとこ)半島は、流氷が観測できる北半球の最南端です。	The Shiretoko Peninsula in Hokkaido is the southernmost point in the Northern hemisphere where sea ice can be seen.
青森県と秋田県にまたがる白神山地には、東アジア最大のブナ原生林があります。	Shirakami-Sanchi, part of both Akita and Aomori Prefectures, contains the largest primeval beech forest in East Asia.
岩手県の平泉(ひらいずみ)では、浄土(じょうど)を表現した庭園や建築物、考古学的遺産が見られます。	A Pure Land style garden and architecture, as well as archaeological treasures, can be found in Hiraizumi in Iwate Prefecture.
栃木県の日光では、日光東照宮と二荒山(ふたらさん)神社、輪王寺が世界遺産に登録されています。	Nikko Toshogu, Futarasan-jinja and Rinno-ji are registered World Heritage Sites in Nikko in Tochigi Prefecture.
群馬県の富岡(とみおか)製糸場では、19 世紀の養蚕業について学べます。	You can learn about the silkworm industry during the 19th century at the Tomioka Silk Mill in Gunma Prefecture.

① World Heritage Site（世界遺産） ② peninsula（半島） ③ the southernmost point（最南端）
④ the Northern hemisphere（北半球） ⑤ sea ice（海氷） ⑥ primeval beech forest（ブナの原生林）
⑦ Pure Land（浄土） ⑧ architecture（建築物） ⑨ archaeological treasure（考古学的遺産）
⑩ register（登録する） ⑪ silkworm industry（養蚕業）

東京・上野の国立西洋美術館本館は、世界的な建築家ル・コルビュジエによって設計されました。	The National Museum of Western Art in Ueno, Tokyo, was designed by Le Corbusier, a world-famous architect.
小笠原諸島には独自の自然環境があり、生態系の進化を観察できます。	The Ogasawara Islands have a unique natural environment where you can observe the evolution of an ecosystem.
富士山は日本を代表する山で、古くから信仰の対象となっています。	Mt. Fuji represents Japan and has been an object of worship since ancient times.
富士山は静岡県と山梨県にまたがっています。	Mt. Fuji straddles Shizuoka Prefecture and Yamanashi Prefecture.
富士山は7月から9月初めの約2カ月間だけ登ることができます。	Mt. Fuji is only open for climbing for about two months, from July to the beginning of September.
富士山へ行くなら絶対、登山用の服装をしたほうがいいですよ。	You should definitely wear clothing suitable for mountain climbing if you go to Mt. Fuji.
日本の城に興味があるなら、ぜひ兵庫県の姫路城を訪れてください。	If you're interested in Japanese castles, you should definitely visit Himeji Castle in Hyogo Prefecture.
広島の原爆ドームに行くと、平和について考えるよい機会になるでしょう。	Visiting the Atomic Bomb Dome in Hiroshima is a good opportunity to think about peace.
熊野古道は、神秘的な自然に触れることができる三つの霊場を結ぶ参詣道です。	The Kumano Kodo is a series of pilgrimage routes that connect three sacred areas where you can experience mystical nature.

⑫ evolution（進化） ⑬ ecosystem（生態系） ⑭ represent（代表する）
⑮ object of worship（信仰の対象） ⑯ straddle（またがる） ⑰ definitely（絶対に）
⑱ pilgrimage route（参詣道） ⑲ sacred area（神聖な場所［霊場］）

CHAPTER 4
日本の紹介

日本の宗教
religion in Japan

神社は神道を信仰し、鳥居があります。	Shrines, which have a *torii*, are where we practice *Shinto*.
鳥居とは、神社の入り口にある門のことです。	A *torii* is a gate at the entrance to a shrine.
日本人は、お正月や結婚式のような祝い事で神社へ行きます。	Japanese people go to shrines for New Year's and celebrations like weddings.
神様の通り道なので、神社へ向かう道の真ん中を歩くのは避けるべきです。	You should avoid walking down the middle of the road that leads to the shrine, because that is the path for the gods.
神社でお参りする前に「お清め」をしないと。やり方をお見せしましょう。	You need to do *o-kiyome* before you pray at a shrine. Let me show you how to do it.
賽銭箱に入れるのはいくらでもいいです。	You can put any amount of money in the offering box.
神社でお参りするときは、二度礼をしてから二拍手し、もう一度礼をします。	When you pray at a shrine, bow twice, clap twice and then bow again.

① practice（実践する）　② avoid（避ける）　③ path（歩道）　④ offering box（賽銭箱）

神社では「お守り」が売られ、お土産として人気です。	*Omamori* are sold at shrines and are a popular souvenir.
お寺では仏教を信仰（しんこう）し、お墓があります。	Temples are where we practice Buddhism, and have graveyards.⑤
仏教は6世紀の初めごろ日本に伝来しました。	Buddhism came to Japan at the beginning of the sixth century.
奈良の東大寺は、世界最大級の木造建築物の一つです。	Todaiji Temple in Nara is one of the world's biggest wooden building in the world.
奈良の法隆寺（ほうりゅうじ）は、世界最古の木造建築物として有名です。	Horyuji in Nara is famous for being the world's oldest wooden building.
座禅（ざぜん）は一般（いっぱん）の人でも体験できる仏教の修行です。	*Zazen* is a Buddhist practice that non-Buddhists can try.
日本人の多くが神道か仏教ですが、無宗教の人も大勢います。	Most Japanese are either *Shinto* or Buddhist, but there are a large number of non-religious people.
明治時代以前は、神道と仏教の区別はありませんでした。	Before the Meiji Period, there was no division⑥ between *Shinto* and Buddhism.
神社は8万以上、お寺は7万以上あり、コンビニエンスストアより多いといわれています。	It is said that there are over 80,000 shrines and over 70,000 temples, more than the number of convenience stores.

⑤ graveyard（墓） ⑥ division（区別）

CHAPTER 4
日本の紹介

社会問題
social issues

日本の人口は約1億2700万人です。※1	The population of Japan is about 127 million people.
世界で10番目くらいの人口です。	It has around the 10th largest population in the world.
もっとも人口が多いのは東京、もっとも少ないのは鳥取です。※2	Tokyo has the largest population, while Tottori has the smallest.
女性の占める割合のほうが男性より多いです。	The percentage of women is higher than that of men.
日本の平均寿命はおよそ83歳で、世界一です。※3	The average life expectancy in Japan is roughly 83 years, the highest in the world.
日本の平均寿命は20年以上、世界一です。	Japan has had the highest life expectancy in the world for over 20 years.
日本では少子高齢化が問題です。	Japan has problems with a low birth rate and aging population.
2015年の出生率は女性1人当たり1.46でした。	The fertility rate in 2015 was 1.46 births per woman.

① population(人口)　② life expectancy(平均寿命)　③ roughly(ざっと)　④ birth rate(出生率)
⑤ aging population(老年人口)　⑥ fertility rate(出生率)　⑦ per 〜(〜につき)
※1：2016年11月現在　※2：2015年10月現在　※3：2016年5月現在

カタカナ英語クイズ　A35　Don't worry about it.

少子化の改善が、日本の人口を増やす鍵です。	Improving the low birth rate is the key to increasing Japan's population.
首都圏では保育所不足が深刻で、子供を産みたくても産めない女性が大勢います。	There is a serious lack of nursery centers in the metropolitan area, and many women want to have children but can't.
非正規労働者の増加も社会問題になっています。	The increase in the number of non-regular employees is also a problem for society.
近年、日本では貧困率が増加しています。	The poverty rate in Japan has been increasing in recent years.
日本では小学校が6年、中学校が3年、高校もまた3年です。	In Japan, elementary school is six years, junior high school is three years, and high school is also three years.
日本では、小学校と中学校の9年間が義務教育です。	In Japan, the nine years of elementary school and junior high school are compulsory.
公立は小学校から中学校まで無償ですが、私立の学校に進学する子供も増えています。	Public schools are free from elementary to junior high, but more and more children are going to private schools.
首都圏では、よい学校へ進学するため、小さいころから受験勉強に熱心です。	In the metropolitan area, people are zealous about studying for exams from a young age in order to go to a good school.

⑧ lack of 〜（〜の不足）　⑨ metropolitan area（首都圏）　⑩ non-regular employee（非正規労働者）
⑪ poverty rate（貧困率）　⑫ in recent years（近年では）　⑬ compulsory（必修の）
⑭ be zealous about 〜（〜に熱心だ）　⑮ exam（試験）

CHAPTER 4
日本の紹介

オリンピック
Olympics

2020年の東京オリンピックは、32回目のオリンピックです。	The 2020 Tokyo Olympics will be the 32nd Olympic Games.
2020年の東京オリンピックは、7月24日から8月9日まで開催される予定です。	The 2020 Tokyo Olympics will be held from July 24th to August 9th.
東京オリンピックでの競技数は33です。	There will be 33 events at the Tokyo Olympics.
野球とソフトボール、空手、スケートボード、スポーツクライミング、サーフィンの5競技が追加されました。	Five events have been added – baseball and softball, *karate*, skateboarding, sport climbing and surfing.
リオデジャネイロで、日本は41個のメダルを獲得しました。	Japan won 41 medals in Rio de Janeiro.
金メダルを12、銀メダルを8、銅メダルを21個獲得しました。	We won 12 gold medals, 8 silver medals and 21 bronze medals.
女子レスリングだけで4個の金メダルを獲得しました。	We won four gold medals in women's wrestling alone.
東京オリンピックで伊調馨は5回連続の金メダルが期待されています。	People are hoping that Kaori Icho will win her fifth straight① gold medal at the Tokyo Olympics.

① straight（連続した）

日本のお家芸(いえげい)といえば柔道(じゅうどう)です。	Japan's native sport is *judo*.
リオデジャネイロ・オリンピックで、日本の金メダル数は6位でした。	Japan was sixth place in the gold medal totals for the Rio de Janeiro Olympics.
東京オリンピックで、日本は金メダル数3位を目標としています。	Japan is aiming for third place in the gold medal totals at the Tokyo Olympics.
東京オリンピックでは、大会ボランティアを約8万人募集するそうです。	I heard they are <u>recruiting</u>[2] about 80,000 volunteers for the Tokyo Olympics.

[2] recruit（募集する）

これを英語で言えますか？
オリンピック33競技を英語で言おう！

アーチェリー　Archery	フェンシング　Fencing
ウエイトリフティング　Weightlifting	ボート　Rowing
カヌー　Canoe-Kayak	ボクシング　Boxing
空手　*Karate*	ホッケー　Hockey
ゴルフ　Golf	ラグビー　Rugby
サーフィン　Surfing	レスリング　Wrestling
サッカー　Football (Soccer)	近代五種　Modern Pentathlon
スケートボード　Skateboarding	自転車競技　Cycling
スポーツクライミング　Sport Climbing	射撃(しゃげき)　Shooting
セーリング　Sailing	柔道　*Judo*
テコンドー　Taekwondo	水泳競技　Aquatics
テニス　Tennis	体操　Gymnastics
トライアスロン　Triathlon	卓球(たっきゅう)　Table Tennis
バスケットボール　Basketball	馬術　Equestrian
バドミントン　Badminton	野球／ソフトボール　Baseball / Softball
バレーボール　Volleyball	陸上競技　Athletics
ハンドボール　Handball	

インデックス（シーン・表現 一覧）

CHAPTER1 街での出会い

■道案内① 自分から声をかける
- 「何があったの？」「どうしたの？」 9
- 行き先を聞く 9
- 「〜しようとしているところだ」 9
- 「〜しないと」「〜しなきゃ」 10
- たずねられた場所がわからないとき 10
- 近くの場所を教えるとき 11
- COLUMN 会話がはずむ！ あいづち表現 12
- あいづちを打つとき 12
- 同意するとき 12
- 興味を示すとき 12
- ほめるとき・驚いたとき 13
- 時間かせぎをするとき 13
- 要点だけを聞くとき 13

■道案内② トイレを案内する
- 見知らぬ人に「すみません」と声をかける 15
- 少しの間待ってもらう 15
- 「誰かに聞いてみましょう」 15
- 確信していないことを伝えるとき 16
- 「〜はわかりますか？」と確認する 16
- トイレに関係する表現 16

■道案内③ 地図で説明する
- 現在地がわからないとき 19
- 地図で今いる場所を教える 19
- 「どうやったら〜に行けますか？」 19
- 道案内は命令形で 20
- どれくらい時間がかかるかたずねる 20
- どれくらい時間がかかるかを伝える 20

■道案内④ 聞き返す
- 「〜はありますか？」とたずねる 23
- 相手の言葉が聞き取れないとき 23
- 「もう一度言ってもらえますか？」 23
- 聞き間違えていないか確かめる 24
- 口ごもるとき 24
- 「[もし] 〜したら、…があるはずです」 24
- 「〜があります」 24
- 「〜してもらえますか？」 25
- COLUMN 道案内に便利な表現 26

■電車で① 運賃を聞かれる
- 困っていそうな観光客を見かけたら 29
- 「いくら払うかわからない」 29
- 「〜がオススメです」 29
- 「…で使われる〜です」 30
- IC カードの使い方を説明する 30
- 「〜しましょうか？」と申し出る 30
- 「〜したら（…します）」と例を挙げて説明する 31

■電車で② 乗り換えの案内
- 「どこで〜すればいいですか？」 33
- 「〜しましょう」「〜するよ」と申し出る 33
- 「乗り換える」の表現 33
- 「〜までに」と期限を表す 34
- 理由を表す 34
- 「〜できるだろう」 34
- COLUMN 数字の表現 35
- 時間の表現 35
- お金（大きい数字）の表現 35
- 小数・分数の表現 35

■電車で③ 席をゆずる
- 体調が悪そうな人に声をかける 37
- 体調不良を伝える表現 37
- 「〜できますよ」 37
- 目的地まで何駅かをたずねる 37
- 「〜に気を付けて」 37

■エレベーターで 階数を聞く
- 「まだ乗れますよ」 39
- 「気にしないで」 39
- 「どの〜へ行きますか？」 39
- 「〜階」の言い方 39
- 「着きましたよ」 39
- 「お先にどうぞ」 39

■食の話題① そば屋のメニュー
- 「A と B の違いは何ですか？」 41
- 「〜には何が入っていますか？」 41
- 「一方は〜、他方は…」 41
- 「〜は日本語で…のことです」 41
- 物の名前の由来を説明する 41
- 「〜とされる」と人から聞いたことを伝える 42
- 「初めて〜した」 42
- 「B だけでなく A もある」 42
- 「好きなほうを選んで」 42
- 日本の食を紹介しよう！ 42

■食の話題② 苦手な物を聞く
- 手助けが必要かを確認する 45
- 相手の要望を聞く 45
- 「嫌いな物はありますか？」 45
- 「…できない〜がある」 45
- 話の内容が正しいかを確認する言い回し 46
- 「〜できるといいのですが」 46
- 「わかりました！」「了解です！」 46
- 観光客の代わりに店員に質問する 46
- 細やかな気づかいの表現 47

COLUMN 食事のメニューを説明しよう！ 48
- 料理法の基本表現 48
- 魚介類、寿司 49
- 日本語のままで OK な物 49
- 日本語＋α で表現できる物 49
- 鍋物・丼物 49
- 和菓子や覚えておくと便利な表現 50
- 調味料の表現 50
- 味・食感の表現 50

■旅の話題① 滞在期間を聞く
- 出身地、国籍、居住地をたずねる 53
- 「～は初めてです」 53
- 滞在期間をたずねる 53
- 「（ぜひ）～したい」 54
- 「～したいですか？」 54
- Where で始まるフレーズ 54
- 「何を～したいですか？」と要望をたずねる 55
- 「いくつ～ですか？」と数を聞く 55

■旅の話題② 観光の予定を聞く
- 「この席は空いていますか？」 57
- 「～をしているのですか？」と気軽に聞く 57
- 「～回目」の表現 58
- 「～したことがある」 58
- 旅先での予定を聞く 58
- 予定を伝える 58
- 経験をたずねる 59

■旅の話題③ 観光のオススメ
- 数を確認する 61
- 「まだ～していない」 61
- 「～するといいよ」とアドバイスする 61
- 「～はオススメですか？」 62
- 相手の予定をたずねる 63

■軽い話題① 日本の印象を聞く
- 「～は何回目ですか？」 65
- 「～日目」 65
- 「残りはあと～日だ」 65
- 「楽しんでいますか？」 65
- 「はい、確かに」と Yes を強調する 65
- 「～はどうですか？」 66
- 「思っていたより～だ」 66
- 「～に感激した、～に興奮した」 66
- 日本の感想を聞こう 67

■軽い話題② 今日の天気
- 「天気は～です」 69
- 「～によると」 69
- 「台風が近づいている」 69
- 「日本には～がありますか？」 69
- COLUMN 天気に関する表現 70
- 天気を表現するフレーズ 70
- 暑さ寒さや四季について言ってみよう 71

CHAPTER 2　友人との観光

■出迎え 友人との再会
- 定番の挨拶フレーズ 75
- カジュアルな挨拶 75
- 「～に違いない」「～だよね」 75
- 「～するのを手伝わせて」 76
- 「～を持っていってくれますか？」 76
- 感想を聞き出すフレーズ 77

■友人の紹介 初対面の挨拶
- そばにいる人を紹介する 79
- 初対面の挨拶 79
- 自分の名前を告げる 80
- 習慣的なことを伝える表現 80
- 人に何かを渡すとき 80
- 「もし～なら」 81

■観光① 相手の興味を引き出す
- ある程度の期間どこへ行っていたかをたずねる 83
- 「今のところ～しただけです」 83
- 「オススメの～はありますか？」 83
- 「～はどうですか？」 83
- 時間を教える 83
- 「～したいですか？」 84

- 山の表現 84
- 「直行バス（便）があります」 84
- 「いつも～を夢見ていた」 84
- どんな観光を希望するか、相手の意見を聞く 85

■観光② 風景に感動する
- 「～できますよ」 87
- 「～があります」 87
- 「標高」と「海抜」の表現 87
- 「きれいな」「見事な」 88
- 「…と呼ばれる～がある」 88
- 最上級のほめ方 88
- 「～（に挑戦）してみて」 89

■観光③ 観光マナーを伝える
- 「～してもらいたいですか？」「～しましょうか」 91
- 「～できる？」と気軽に聞く 91
- 撮影の合図 91
- 「～かどうか確かめて」 91
- 日本の観光マナーを伝える 92
- 軽い注意、アドバイスをする 92
- 「～してくれてありがとう」 92
- 禁止事項を伝える 93

COLUMN 日本の観光地の表現 94
☐ 金沢、京都、神戸、福岡の観光表現 94
☐ 北海道、福島、横浜、大阪、奈良の観光表現 95

■ 買い物① 服を買う
☐ 「(その店は) 〜だ」 97
☐ 「〜しているんですか?」 97
☐ 「〜したいです」 97
☐ お店での気づかい 98
☐ サイズを伝える 98
☐ 「試着できますか?」 98
☐ 道案内の定番表現 98
☐ 気配りの表現 99

■ 買い物② お土産を買いに行く
☐ 「どこで〜できますか?」 101
☐ 階数の表現 101
☐ 「試しに食べてみる」 101
☐ 「それはいいですね」と同意する 101
☐ 「〜はどうですか?」 101
☐ 「〜みたいな香りがする」 102
☐ 「〜を(今までに)食べたことがありますか?」 102
☐ お気に入りを紹介する 102
COLUMN おおざっぱな伝え方 104
☐ 何でできているか教える 104
☐ 何のための物か教える 104
☐ 似ている物を教える 104
☐ どのような種類の物かを教える 105
☐ いつ使う物か教える 105
☐ なぜ有名なのか教える 105
☐ なぜ人気なのか教える 105

■ 食事① 食事に出かける
☐ 相手の要望をたずねる 107
☐ 「何を〜したいですか?」 107
☐ 「〜だから」 107
☐ 「〜だろう」と控えめに推量する 107
☐ 「〜しよう」と誘う 107
☐ 「〜はどうですか?」と相手にすすめる 108
☐ 「〜のようだ」と様子を表現する 108
☐ 「(それは) 〜といい、…でできています」 108
☐ 「(なぜなら) 〜だから」 108
☐ 「見る」ではない look 109

■ 食事② 支払いをする
☐ 支払いをカードでする 111
☐ 「申し訳ありませんが〜です」 111
☐ 「支払いは現金だけです」 111
☐ 支払い額を伝える 111
☐ 「ごちそうします」「おごるよ」 112
☐ 遠慮の定番表現 112
☐ 「〜してくれてありがとう」 112
☐ 支払う場所を伝える 112
☐ ごちそうになったお礼を言う 112
☐ カード支払いのフレーズ 113

CHAPTER 3　自宅への招待

■ 招待① パーティーに誘う
☐ 「家に遊びに来ませんか?」と誘う 117
☐ 「…時に〜へ来てください」 117
☐ 「何か持っていく物はありますか?」 117
☐ 「〜を楽しみにしている」 118
☐ 気配りの表現 118
☐ 待ち合わせのフレーズ 119

■ 招待② 家族を紹介する
☐ そばにいる人や物の紹介 121
☐ お客さまを招き入れる 121
☐ 「ここで靴を脱いでください」 121
☐ 「〜しましょう」「〜させてください」 121
☐ 「お招きありがとうございます」 122
☐ 何人家族かを紹介する 122
☐ 「もうすぐ〜はここに来ます」 122
☐ 「A を B に紹介する」 122
☐ 日本の家を案内する 123

■ 招待③ 室内を案内する
☐ 初めての経験かどうかを聞く 125
☐ 「〜は何でできていますか?」 125
☐ 物の素材や原料を伝える 125
☐ 「驚く」表現 126
☐ 「だから」と理由を表す表現 126
☐ 「〜したことがない」 126
☐ 和式トイレの使い方 127

■ 別れ① 旅の感想を聞く
☐ 感想を聞く 129
☐ 「すごい」「素晴らしい」 129
☐ 「〜以外にも…も経験するようになる」 129
☐ 「何か困ったことはありましたか?」 129
☐ 「一番〜な物は何ですか?」 130
☐ 「〜が一番気に入りました」 130
☐ 「グッズ」 130
☐ 日本の感想を聞く 131

■ 別れ② 別れの挨拶
☐ 「〜してくれてありがとう」 133
☐ 「〜してよかった」 133
☐ 「よかったら〜してくれますか?」 133
☐ 「忘れ物はありませんか?」 134
☐ 「〜を楽しみにしています」 134
☐ 「ぜひ〜しましょう」 134
☐ 別れ際のやり取り 135

著者紹介

デイビッド・セイン (David Thayne)

米国出身。証券会社での勤務を経て来日。日本での30年近い英語教育経験を生かし、累計400万部以上の著作を刊行、ベストセラー多数。英語関連の書籍・教材制作を手掛けるAtoZ Education代表を務める（www.atozenglish.jp）。デイビッド・セイン英語ジム主宰。TOEIC対策やビジネス英語講座など、英語や文化に関するセミナーも多数開設。NHK英語番組への出演の他、日経新聞、朝日新聞、毎日新聞でも連載執筆。英語集中マスター・メソッドNO EXCUSEや国際交流イベントspeakUP! など、日本人に合わせた英語マスター術を数多く開発。日本文化を英語で解説する学習サイト（www.wakaru.guide）を公開中。

14歳の世渡り術　中学英語で日本を紹介する本

2017年 2月28日　初版発行
2020年 3月30日　3刷発行

著　者　デイビッド・セイン
構　成　古正佳緒里
音声作成・編集　Sean McGee, Shelley Hastings, Alexandria McPherson, Jaime Jose, Trish Bergemann
編　集　揚石圭子
ブックデザイン　高木善彦
イラスト　秋葉あきこ
©AtoZ

発行者　小野寺優
発行所　株式会社河出書房新社
　　　　〒151-0051　東京都渋谷区千駄ヶ谷2-32-2
　　　　電話　(03)3404-8611(編集)／(03)3404-1201(営業)
　　　　http://www.kawade.co.jp/

印刷　凸版印刷株式会社
製本　加藤製本株式会社

Printed in Japan
ISBN978-4-309-61708-4

落丁・乱丁本はお取替えいたします。
本書のコピー、スキャン、デジタル化等の無断複製は著作権法上での例外を除き禁じられています。本書を代行業者等の第三者に依頼してスキャンやデジタル化することは、いかなる場合も著作権法違反となります。

知ることは、生き延びること。

14歳の世渡り術

未来が見えない今だから、「考える力」を鍛えたい。
行く手をてらす書き下ろしシリーズです。

学校では教えてくれない ゆかいな日本語
今野真二

普段使っている日本語、単なるコミュニケーションの道具だと思ったら大まちがい。遊び心に満ちた、ゆかいで、たのしいその世界を知って、言語の達人になろう。

世界の見方が変わる「数学」入門
桜井進

地球の大きさはどうやって測ったの？ 小数点って？ 円周率？……小学校でも教わらなかった素朴な問いをやさしく紐解き、驚きに満ちた数の世界へご案内！ 数学アレルギーだって治るかも。

14歳からの宇宙論
佐藤勝彦

宇宙はいつ、どのように始まったのか？ この先は？ もう一つ別の宇宙がある？……最先端の科学によって次々と明らかにされた宇宙の姿を、世界をリードする物理学者がやさしく紐解く。

自分はバカかもしれないと思ったときに読む本
竹内薫

バカはこうしてつくられる！ 人気サイエンス作家が、バカをこじらせないための秘訣を伝授。アタマをやわらかくする思考問題付き。

からだと心の対話術
近藤良平

「完璧なストレッチより好きな人と1分背中を合わせる方が、からだはずっと柔らかくなる」。「コンドルズ」を主宰する著者が、コミュニケーションで役立つからだの使い方を教える一冊。

生命の始まりを探して 僕は生物学者になった
長沼毅

深海、砂漠、北極＆南極、地底、そして宇宙へ……"生物学界のインディ・ジョーンズ"こと長沼センセイが、極限環境で出会ったフシギな生物の姿を通して「生命とは何か？」に迫る！

ロボットとの付き合い方、おしえます。
瀬名秀明

ロボットは現実と空想の世界が螺旋階段のように共に発展を遂げた、科学技術分野でも珍しい存在。宇宙探査から介護の現場、認知発達ロボティクス……ロボットを知り、人間の未来を考える一冊。

世界一やさしい精神科の本
斎藤環／山登敬之

ひきこもり、発達障害、トラウマ、拒食症、うつ……心のケアの第一歩に、悩み相談の手引きに、そしてなにより、自分自身を知るために──。一家に一冊、はじめての「使える精神医学」。

暴力はいけないことだと誰もがいうけれど
萱野稔人

みな、暴力はいけないというのになぜ暴力はなくならないのか。そんな疑問から見えてくる国家、社会の本質との正しいつきあい方。善意だけでは渡っていけない、世界の本当の姿を教えます。

その他、続々刊行中！

中学生以上、大人まで。　河出書房新社